Helga Pöttinger

HARMONIE UND HEILKRAFT

DURCH EDLE STEINE

Band 2

Pinguin-Verlag, Innsbruck

Text: Helga Pöttinger, A-6130 Schwaz, Austria
Kapitel „Heilsteine in der Therapie“ und „Reiki in Verbindung mit Heilsteinen“:
Heidi Grießenböck, A-6200 Jenbach, Austria
Umschlag: Günther Pöttinger, A-6130 Schwaz, Austria
Fotos und Gestaltung: Helga und Günther Pöttinger, A-6130 Schwaz, Austria

Satz, Druck und Bindearbeiten: M. Theiss, A-9400 Wolfsberg
Farbreproduktionen: Tiroler Repro, A-6020 Innsbruck
Printed in Austria
ISBN 3-7016-2462-3

Inhalt

Liebe Leserin! Lieber Leser! 5
Vorwort 6
Einleitung 8
Reinigung der Steine 9
Steinwasser 9
Die Achatfamilie 10
Die große Familie der Bergkristalle 17
Die Beryllfamilie 35
Die Jaspisfamilie 39
Die Turmalinfamilie 46
Beschreibung und Wirkung weiterer Steine in alphabetischer Reihenfolge .. 52
Heilsteine in der Therapie 90
Therapeutischer Gebrauch von Perlenschnüren (Ketten) 90
Trommelsteine 92
Der Armtest 97
Reiki in Verbindung mit Heilsteinen 99
Steine im Medizinbeutel 102
Heilsteinberichte aus der Praxis 102
Schlußwort 108
Zuordnung der Edelsteine zu Krankheiten und Symptomen 109
Verzeichnis der Krankheiten und Beschwerden 114
Verzeichnis der angeführten Mineralien 117

Dieses Buch ist
unserer Mutter in Liebe gewidmet

Macht können wir durch Wissen erlangen,
aber zur Vollkommenheit gelangen wir nur durch
die Liebe.

Rabindranath Tagore

Liebe Leserin! Lieber Leser!

Der überwältigende Erfolg meines im Jahre 1994 erschienenen Bandes „Harmonie und Heilkraft durch edle Steine“ hat mich mit Freude und Stolz erfüllt. Dennoch war ich überrascht, als mich der Verleger aufforderte, einen zweiten Teil in Angriff zu nehmen. Nach einigem Überlegen mußte ich ihm jedoch recht geben: Die Zeit ist dafür. In diesem Nachfolgeband möchte ich nun weitere Heilsteinbehandlungen vorstellen, spirituelle Wege aufzeigen und beschreiben, wie Sie sich die Heilkraft von Steinen zunutze machen können.

Schwaz, im Februar 1996

Danken möchte ich all jenen, die wieder ihren Beitrag zum Gelingen dieses Buches geleistet haben:

Dr. med. Hans Sporer hat sich auch diesmal spontan bereit erklärt, das Vorwort für das Buch zu schreiben.

Meine Schwester Heidi hat mir bei der Ausarbeitung der Kapitel „Heilsteine in der Therapie“ und „Reiki in Verbindung mit Heilsteinen“ geholfen, was mich sehr entlastet hat.

Mein Mann steuerte einmal mehr die Abbildungen bei und zeichnet für die Gestaltung des Umschlages verantwortlich. Zudem nahm er mir so manche Arbeit ab, was es mir ermöglichte, mich auf das Buch zu konzentrieren.

Mein Sohn Florian stellte sich für einige Fotos zur Verfügung. Sein Interesse an meinem Projekt war mir überdies oft eine große Hilfe.

Die Kameras für die Aufnahmen wurden uns von Peter und Lois zur Verfügung gestellt.

Besonders möchte ich Karin danken, die alle Schreibarbeiten für mich erledigt hat.

Meinen Kunden bin ich dafür verbunden, daß sie ihre Erfahrungen mit Heilsteinen an mich weitergegeben haben.

Zuletzt, aber nicht minder herzlich, möchte ich meinem Verleger danken, der mir wieder die Möglichkeit gibt, alte Weisheiten und neue Erkenntnisse an meine Leser weiterzureichen. Mehr noch, er hat mich erst dazu gebracht!

Pöttinger Helga

Vorwort

Das Interesse an den heilenden Eigenschaften von Mineralien und Edelsteinen hat in den letzten Jahren erheblich zugenommen. Dabei handelt es sich hier um ein Wissen, das in ältesten Kulturen Allgemeingut war, dann aber infolge einer wachsenden Intoleranz und einseitigen, allzu rationalen Denkweise der meinungsmachenden Schichten, belächelt und sogar verpönt war.

Die Vorstellung, der Mensch sei Herr über die Natur und ihre Geschöpfe, ließ und läßt die führenden forschenden Köpfe an die Machbarkeit der Dinge glauben. Diese Überzeugung wird noch gefördert durch die zweifelsohne für die meisten von uns geradezu unvorstellbaren Fortschritte von Wissenschaft und Technologie bis in unsere Jetztzeit und höchstwahrscheinlich noch darüber hinaus.

Allerdings gibt es heutzutage wieder viele Menschen, die einen natürlichen Zugang zu den heilenden Eigenschaften der Natur und ihren Gaben finden, ein Geschenk, das nur von dem angenommen werden kann, der vorurteilsarm, gleichsam mit den unverblendeten Augen eines Kindes, an diese Materie herangeht. Bei längerer, unvoreingenommener Beschäftigung mit dieser Materie kann zum Beispiel jeder an sich erfahren, welche Wirkungen etwa von einem richtig gewählten Kristall auf seine geistig-seelisch-körperliche Verfassung ausgehen, so ihm am bloßen Placeboeffekt von Steinen nachhaltige Zweifel kommen. Wer das so perfekt planvoll ablaufende Wirken von Naturgesetzmäßigkeiten einigermaßen offen beobachtet und sich auf seinen Spürsinn verläßt, kann nach relativ kurzer Zeit aus eigenem Erleben positive Angaben über die natürliche Kraft, die Kristallen innewohnt, machen, ohne dabei die tieferen Zusammenhänge dieses Wirkungseffekts begreifen zu müssen.

Für mich als Arzt und an naturwissenschaftlicher Forschung Interessierten ergab und ergibt sich durch den Einsatz der Kirlian-Fotografie eine für viele unvorstellbare Möglichkeit, Einblicke in die Wirkmechanismen eines Menschen zu erhalten: Die Kristall-Interaktion erlaubt, in bezug auf Magnetfeld-Lichtreflexionen des holistisch funktionierenden „Kommunikationgesamtsystems Mensch“ Einfluß zu nehmen. So bin ich zu der unumstößlichen Überzeugung gelangt, daß zum Beispiel auch „nur“ durch richtig gewählte Steine Impulse in Richtung Heilung zu erwarten sind, ohne dabei zu glauben, den „Stein der Weisen“ gefunden zu haben. Als Arzt erlebe ich häufig die ordnenden, selbstheilenden Eigenschaften des menschlichen Organismus, die gleichsam als wunderbarer Widerpart zu chaotisierenden negativen Kräften im Sinn von krankmachenden Konstellationen im Inneren wie im Umfeld des Menschen ständig interagieren. Ich bin der Überzeugung, daß die meisten kranken Menschen kraft ihrer Genetik und steuernden Regelkreisverknüpfungen oft mit relativ einfachen medizinischen Methoden, durch Übernahme einer Selbststeuerung, wieder auf den Weg der Gesundung gebracht werden können, falls ihnen durch leider häufig blockierende medizinische Maßnahmen dazu die Möglichkeit nicht genommen wird. Auch schwere, jahrelang

sich hinziehende, somit chronische Erkrankungen lassen sich auf diese Weise noch häufig positiv beeinflussen und zum Abklingen bringen.
Edelsteine sind eines dieser phantastischen Heilmittel.

Dr. med. Hans Sporer
Internist

Einleitung

Die wohltuende Wirkung der Heilsteine machen sich neuerdings immer mehr Menschen zunutze: sei es zur Körpertherapie, sei es zur Auflösung disharmonischer Schwingungen im Arbeits- und Wohnbereich. Dabei kommt es oft zu Spontanreaktionen im menschlichen Körper. Auch das Umfeld verändert sich durch harmonische Schwingungen und hilft uns auf diese Weise, vieles klarer zu sehen, was vorher für uns in Dunkel gehüllt war.

Durch das Erkennen negativer Gedankenmuster und Strukturen können wir Disharmonien auflösen und so auf unserem Weg zurück zum Ursprung allen Seins ein Stück näherkommen.

Der Mensch sollte lernen, seinen Schatten zu akzeptieren, denn nur in der Bejahung der eigenen Unzulänglichkeit können wir Mitgefühl für fehlgeleitete Aktionen unserer Mitmenschen empfinden. Hinter allen Grausamkeiten ist der Schrei der gequälten und suchenden Seele zu vernehmen, die den Weg zu Gott nicht finden kann. Gerade auf diesem Weg aber bieten uns unsere Helfer aus dem Mineralienreich eine unschätzbare Hilfe.

Wir finden dort eine Fülle von Möglichkeiten – Geschenke der Mutter Erde und des Universums für uns, die wir in Anspruch nehmen dürfen.

Der scheinbare Irrgarten des menschlichen Geistes weist uns wunderbare Wege, um Spiritualität zu erfahren und zu erleben.

Mit Hilfe der Steine ist es uns leichter möglich, Welten jenseits der uns vertrauten zu betreten und so aus einer anderen Perspektive unsere Lebensumstände zu beleuchten und Lösungen herbeizuführen.

Reinigung der Steine

Nachdem die Reinigung der Steine in „Harmonie und Heilkraft durch edle Steine“ Band 1 bereits ausführlich beschrieben wurde, sollen hier nur ein paar grundsätzliche Fragen geklärt werden. Immer wieder wird mir die Frage gestellt, wie oft man denn Steine reinigen soll. Dies ist recht einfach zu beantworten: Je nach Krankheitsverlauf und Intensität werden Steine in akuten Fällen täglich gereinigt; bei nur sporadisch auftretenden Problemen genügt es, unsere Steinhelfer ab und zu zu entladen. Ergänzen möchte ich hier eine Methode, die in Band 1 nicht vorkommt: Die besten Ergebnisse wurden erzielt, wenn man Ketten über Nacht in „natürliche Kälte“ legt, also auf den Balkon, die Fensterbank oder einfach in den Garten. Dabei sollten wir nie vergessen, daß es bei der Reinigung nicht nur um das Entladen der Steine geht, sondern im besonderen um die bewußte Arbeit mit den Steinen, die unsere Heilungschancen vergrößert.

Bei folgenden Steinen sollten wir wegen derer Empfindsamkeit generell auf die Wasserreinigung verzichten und auf eine alternative Methode (Band 1) zurückgreifen: Buntkupferkies, Gagat, Zinnober, Moqui Marbles, Schwefel, Fossilien, Cyanit, Boji, Wismut, Halit, Ulexit.

Steinwasser

Ergänzend zu Band 1 möchte ich in bezug auf Bereitung, Anwendung und Wirkung von Steinwasser hier nur erwähnen, daß diese Methode zur zusätzlichen Heilsteinbehandlung wesentlich zu einem raschen Erfolg beitragen kann. Dabei haben wir die Möglichkeit, mehrere Steine für ein Steinwasser zu kombinieren. Gezielt und intuitiv bezugnehmend auf das zu behandelnde Problem.

Da sich nicht alle Steine zur Bereitung eines Heilwassers eignen, bitte ich Sie, die Rubrik „Gebrauch“ im Anschluß an die jeweilige Edelsteinbeschreibung zu beachten.

DIE ACHATFAMILIE

Eine Wunderwelt an Farbenvielfalt und Formenreichtum, die zu beschreiben und abzubilden den Rahmen dieses Buches sprengen würde, tut sich hier auf. Ich muß mich daher mit einigen wenigen Beispielen begnügen, die mir besonders schön, interessant und ihrer Wirkung wegen wichtig erscheinen.

Achate vermögen Schutz zu bieten vor negativen Schwingungen aller Art. Richtunggebend für Heilwirkungen sind ihre spezifischen Farben. Schon die alten Kulturen machten sich ihre Kraft zunutze.

ACHATGEODEN

Heilwirkung körperlich: Schlafstörungen, Ohrensausen, Taubheit
Heilwirkung geistig, seelisch: Schützt, harmonisiert

Achatgeoden wurden und werden von den meisten Kulturen als Glücksbringer geachtet und angesehen. Auch wir stellen diese Steine zur Freude und als Schutz vor negativen Einflüssen auf. Sie verschönern nicht nur unser Heim, sie strahlen auch Positives aus und harmonisieren unsere Umgebung. Kinder lieben besonders kleine Geoden, die leicht in ihren Händen und Hosentaschen Platz finden. Im Schlafzimmer aufgestellt, sorgen sie für einen erholsamen Schlaf. Bei Taubheit und Ohrensausen sollten wir stets einen Achat bei uns tragen. Es gibt diese Geoden in allen Größen und vielen Farben, auch sind sie sehr preisgünstig.

Gebrauch: Geoden für die Hand, zum Aufstellen, Steinwasser
Farben: Grau, Braun, Weiß, Bläulich, Rosastich, Rötlich, Schwarz
Fundorte: Deutschland, Brasilien, Uruguay, China, Indien, Madagaskar, Mexiko, USA

BAUMSTEIN (DENDRITENACHAT)

Heilwirkung körperlich: Verdauung, Blähungen, Zellerneuerung im Magen-Darm-Bereich
Heilwirkung geistig, seelisch: Hoffnung, Mut, Lebensfreude

Der Baumstein mit seinen meist farnartigen Mustern, die aus Verwitterungslösungen entstehen, zählt zu den schönsten Vertretern der Chalcedone. Er wird auch Dendritenachat genannt. Die Steine, die früher großteils aus Indien kamen, bedachte man außerdem mit dem Namen „Mokkastein“, da diese über den gleichnamigen Hafen „Mokka“ eingeführt wurden. Mit Vorliebe werden diese herrlichen Gebilde zu Broschen und Anhängern verarbeitet. Für Heilzwecke setzt man sie hauptsächlich im Magen-Darm-Bereich ein, da sie die Verdauung fördern und bei Blähungen Linderung bringen. Auch Zellwucherungen im Vorstadium kann damit entgegengewirkt werden. Der Baumstein besitzt überdies die Fähigkeit, seinem Träger Lebensfreude und Mut zu geben.

Gebrauch: Handsteine, Anhänger, Ketten, Steinwasser
Farben: Farblos, Weißgrau mit baum- oder farnartigen Zeichnungen
Fundorte: Brasilien, Indien, USA

BOTSWANAACHAT

Heilwirkung geistig, seelisch: Vermittelt Freude, steigert unsere Fähigkeit zu lieben, lehrt zu verzeihen, vermittelt das Gefühl von Geborgenheit, schützt

Der Botswanaachat ist aufgrund seiner Farbe und Musterung einer der lieblichsten seiner Art. Meist hat er Rosatöne mit Streifen und Tupfen. Entdeckt wurde er im afrikanischen Botswana, was ihm auch zu seinem Namen verhalf. Dieser Stein mit den sanften Farben fördert die Liebesqualität und läßt uns Fehler besser ertragen: die eigenen wie die anderer. Kinder, die sich benachteiligt fühlen, greifen daher gern zu ihm, da er ihnen Geborgenheit und Liebe vermittelt. Bei unerwünschter Schwangerschaft hilft er, das neue Leben rascher zu akzeptieren und uns darauf zu freuen. Der Botswanaachat schützt uns auch vor negativen Schwingungen von Mensch zu Mensch. Er ist ein reiner Gefühlskörperstein.

Gebrauch: Handsteine, Steinscheiben, manchmal Anhänger, Ketten
Farben: Weiß, Grau, Rosatöne, Lachsfarben
Fundort: Botswana

LANDSCHAFTSACHAT

Heilwirkung körperlich: Kraft, Freude
Heilwirkung geistig, seelisch: Fördert Erdqualitäten, stärkt den Willen

Da der Landschaftsachat in erster Linie zu Schmuck verarbeitet wird, kommt er in der Heilsteinmedizin nur wenig zum Einsatz. Vorwiegend wird dieser Stein zur Anfertigung von Broschen verwendet, da seine Schönheit so am besten zur Geltung kommt. Seine Muster gleichen gemalten Bildern von Feldern oder Wäldern. Sie sind wahre Kunstwerke der Natur. In jedem Fall vermitteln sie uns eine Verbindung mit der Mutter Erde, geben Kraft, Energie und festigen unsere Willensstärke.

Gebrauch: Handsteine, Querschnitte, Schmuck, Steinwasser
Farben: Rötlich, Braun, Beige, Weiß mit Dendriten und Landschaftsmustern
Fundorte: Deutschland, Brasilien, Uruguay, China, Indien, Madagaskar, Mexiko, USA

STREIFENACHAT

Heilwirkung körperlich: Schwäche, Kreislauf, Schmerzen, Haut, Haar, Herz, Vergiftungen, Insektenstiche, Prostata, Epilepsie, fiebrige Infekte
Heilwirkung geistig, seelisch: Mut, Ausdauer, Selbstbeherrschung, harmonisiert die Gefühlswelt

Der Streifenachat ist jener Vertreter der Achate, den wir am häufigsten antreffen, und zwar in allen möglichen Farben. Seine Anwendungsgebiete sind sehr weitreichend. Wir behandeln mit ihm allgemeine Schwächezustände nach längerer Krankheit, Kreislaufschwäche, Schmerzen aller Art, Haut-, Haar- und Herzprobleme, Vergiftungen, Insektenstiche, Prostatabeschwerden, Epilepsie und fiebrige Infektionen. Mit dem Streifenachat entwicklen wir Mut, Ausdauer und Selbstbeherrschung sowie die Liebe zum eigenen Körper.

Gebrauch: Handsteine, Scheiben, Drusen, Anhänger, Ketten, Kugeln, Obelisk, Pyramide, Steinwasser, Buchstützen
Farben: Orangebraun, Braun, Grau, Bläulich, Grünlich, immer gestreift
Fundorte: Deutschland, Brasilien, Uruguay, China, Indien, Madagaskar, USA

WASSERACHAT (ENHYDROS)

Heilwirkung körperlich: Bringt alle Chakren in Fluß, fördert die Spannkraft der Haut
Heilwirkung geistig, seelisch: Befähigt wahre Freunde zu erkennen

Ein ganz besonderer Vertreter der Achatfamilie ist der Wasserstein. Diese Achatmandel oder Chalcedonknolle ist mit sogenanntem „Urwasser" gefüllt, das mehrere Millionen Jahre alt sein kann. Durch Schütteln des Steines wird das Wasser meist hörbar, manchmal sogar sichtbar. Schlägt man den Achat auf, verdunstet das Wasser. Der Wasserachat hilft uns, blockierte Energiezentren wieder in Fluß zu bringen. Anwendbar ist dieser Stein auf allen Haupt- und Nebenchakren. Außerdem erhält uns dieser Stein die Spannkraft der Haut und trägt damit zu jugendlichem Aussehen bei.

Gebrauch: Achatmandel, Chalcedonknolle
Farben: Grau, Braun, Weißlich, Bläulich
Fundorte: Deutschland, Indien, Mexiko, China, Brasilien, Uruguay, USA, Madagaskar

DIE GROSSE FAMILIE DER BERGKRISTALLE

Wie in „Harmonie und Heilkraft“ Band 1 bereits erwähnt, ist der Bergkristall jener Stein, der uns hilft, Blockaden physischer wie auch psychischer Art zu lösen. Er wirkt wie eine Art Beleuchter und Verstärker. Durch ihn haben alle anderen Steine und Kristalle die Möglichkeit, mit ihrer Schwingung noch tiefer in unser Nervensystem einzudringen. Dank der Formenvielfalt des Bergkristalls eröffnet sich uns ein Heilpotential, das schier unerschöpflich erscheint.

Auf den nächsten Seiten möchte ich Sie mit einigen besonderen Facetten dieser geheimnisvollen Kristallwelt vertraut machen. Was alle diese Kristalle gemeinsam haben: Sie offenbaren sich nur sehr wenigen, auserwählten Menschen. Sollte Ihnen einer jener Steine begegnen, behandeln Sie ihn mit Ehrfurcht und mißbrauchen Sie ihn niemals für unedle Zwecke, da er sonst mit Sicherheit verlorengeht oder Ihre eigenen negativen Gedanken vom Kristall um ein Vielfaches auf Sie zurückprojiziert werden.

BERGKRISTALLSTUFE

Heilwirkung körperlich: Brüche, Verletzungen, entstrahlt, kräftigt
Heilwirkung geistig, seelisch: Steigert die Konzentrationsfähigkeit, heilt seelische Wunden

Kristallstufen mit ihren vielen Spitzen wirken wie ein Feuerwerk an Energie. Sie kommen in allen erdenklichen Größen vor und sind herrlich anzusehen. Mit diesen Gruppen bringt man neue Dynamik in Wohn- und Arbeitsräume. Kristallstufen nehmen auch negative Schwingung von Elektrogeräten, Wasseradern und dergleichen auf. Zu diesem Zweck eingesetzt, müssen sie allerdings in regelmäßigen Abständen unter kaltem Fließwasser entladen werden. Legt man einen verletzten, angeschlagenen oder rissigen Stein für einige Wochen oder Monate auf eine Kristallgruppe, so passiert es nicht selten, daß die Verletzung völlig verschwindet. Dies beweist uns, daß die Stufen einen völligen Neuaufbau fördern.

Gebrauch: Naturstufen
Farben: Farblos, meist durchsichtig klar
Fundorte: Schweiz, Österreich, Italien, USA, Brasilien, Madagaskar

DOWKRISTALL

Heilwirkung körperlich: Fördert Heilung in allen Bereichen
Heilwirkung geistig, seelisch: Fördert Heilung in allen Bereichen

Der Dow ist ein Kristall von höchster Vollendung. Er ist eine vollkommene Verbindung von Yin und Yang. In ihm vereint sich der Mediale mit dem Transmitterkristall. Er weist eine Zahlensymbolik von Sieben-Drei-Sieben-Drei-Sieben-Drei auf, wobei die drei Dreiecke Körper, Geist und Verstand symbolisieren. Eine noch perfektere Variante dieses Kristalls ist der Schamanen-Dow, der in seinem Inneren ein fast exaktes Spiegelbild des greifbaren Steines zeigt. Dieses Phantom war da, ehe der Kristall über sich hinauszuwachsen begann. Auch wir haben die Möglichkeit, über uns hinauszuwachsen und zu einem Schamanen-Dowkristall zu werden. Mit ihm als Begleiter finden wir zu mehr Ausgeglichenheit, zu einem Gleichgewicht von Körper, Geist und Gemüt. Kein anderer Stein verfügt über eine derartige „Kraft des Heilens". Keiner vermittelt besser ein Gefühl von Harmonie und Vollkommenheit. Man kann diesen Helfer an allen Energiezentren zum Einsatz bringen und seine Schwingung noch durch andere Kristalle verstärken.

Gebrauch: Naturkristalle, geschliffene Kristalle
Farben: Farblos, meist durchsichtig klar, manchmal auch trüb, milchig
Fundorte: Schweiz, Österreich, Italien, USA, Brasilien, Madagaskar

EINENDIGER BERGKRISTALL

Heilwirkung körperlich: Bringt Kraft und Energie in die Energiezentren, entstrahlt
Heilwirkung geistig, seelisch: Steigert die Konzentration

Einendige Bergkristalle sind in der Regel sehr handlich und eignen sich gut für Legemuster, wobei die Spitze des Kristalls immer auf jenen Punkt des Körpers weisen sollte, in dem sich Blockaden bemerkbar machen. Er eignet sich auch hervorragend zur Konzentrationssteigerung und zum Entstrahlen von Räumen. Zu diesem Zweck legt man in jede Ecke des Zimmers einen einendigen Bergkristall; allerdings müssen diese Steine täglich kurz unter fließendem kaltem Wasser gereinigt werden. Für Schlafzimmerentstrahlung ist der Bergkristall nicht geeignet, da er wegen seiner energetischen Wirkung Schlafstörungen auslösen könnte. Die Einender geben ihre Energie ganz gezielt über die Spitze ab. Wo immer wir mehr Licht in unserem System brauchen, sollten wir mit diesen Kristallen arbeiten.

Gebrauch: Rohkristalle, geschliffene Kristalle, Kristallwasser
Farben: Farblos, trüb bis durchsichtig klar
Fundorte: Schweiz, Österreich, Italien, USA, Brasilien, Madagaskar

FENSTERKRISTALL

Heilwirkung körperlich: Lindert Schmerzen
Heilwirkung geistig, seelisch: Fördert die Selbsterkennung und Spiritualität, hilft beim Übertritt in andere Welten

Im Unterschied zum normalerweise sechsseitigen Kristall weist der Fensterkristall eine eigenständige siebte Fläche auf. Dieses sogenannte Fenster verbindet Spitze, Basis und Seiten mit den gegenüberliegenden Winkeln mittels einer Linie, wobei die „Facette" sehr gut zu erkennen ist. Fensterkristalle sind wie Spiegel, durch die wir mehr über uns selbst erfahren. Vor der Arbeit mit einem solchen Kristall sollten wir einen Zustand völliger Ruhe erreichen, was dabei hilft, Vergangenheit und Zukunft und damit unsere wahre Bestimmung zu überdenken. Bei optimaler Einstimmung auf den Fensterkristall können wir sogar die Aura anderer Menschen erkennen, indem wir das Fenster des Kristalls auf den Betreffenden richten und es anschließend an unser drittes Auge halten. So läßt sich die spirituelle Zielsetzung anderer erfassen. Auch beim Übergang vom Leben zum Tod kann dieser Stein bei entsprechender geistiger Einstellung eine große Hilfe sein, zumal er körperliche Schmerzen zu lindern vermag.

Gebrauch: Naturkristalle, manchmal auch geschliffen
Farben: Farblos, meist durchsichtig klar
Fundorte: Schweiz, Österreich, Italien, USA, Brasilien, Madagaskar

GROSSER GENERATORKRISTALL

Heilwirkung geistig, seelisch: Gruppen- und Einzelmeditationen, geistige Reinigung

Bisher haben nur wenige große Generatorkristalle (bis ca. 1,20 Meter) den Weg an die Erdoberfläche gefunden. Ansehnliche Exemplare vermögen Gedanken und Schwingungen bis zum Tausendfachen zu verstärken; vor allem wenn sich mehrere Personen Gleichgesinnter zur Gruppenmeditation zusammenfinden. So können wir Gedanken des Friedens mittels eines Generatorkristalls in den Kosmos hinausprojizieren; die planetare Aura wird diesen Gedankenstrom empfangen und durch ihn beeinflußt. Wenn Menschen mit denselben Idealen und Zielen bei einer Sitzung jeweils einen kleinen Generator in der Hand halten und dessen Spitze zum in der Mitte stehenden großen richten, läßt sich die Wirkung noch steigern. Ferner fördert dieser Kristall telepathische Fähigkeiten und reinigt unsere Aura. Dazu legen wir beide Hände und vielleicht noch die Stirn an den großen Kristall und öffnen uns für die Energie, die sich aufbaut. Auf jeden Fall sollten wir bewußt und behutsam mit der Kraft dieser mächtigen Helfer umgehen.

Gebrauch: Naturkristalle
Farben: Farblos, durchsichtig klar bis undurchsichtig
Fundorte: Schweiz, Österreich, USA, Brasilien, Madagaskar

KRISTALLKUGEL

Heilwirkung körperlich: Entstrahlt, Energie
Heilwirkung geistig, seelisch: Fördert telepathische Fähigkeiten, Meditation, Weisheit, bewußtseinserweiternd, harmonisierend

Haben wir erst einmal gelernt, mit der Kristallenergie umzugehen, öffnet eine Kristallkugel eine Welt des Staunens und ungeahnter Möglichkeiten. Keine andere Energie fließt weicher. Wir sind mit ihrer Hilfe in der Lage, ganze Löcher in der Aura zu schließen. Meist bergen solche Kugeln Einschlüsse in ihrem Inneren, die an Galaxien und das Universum erinnern. Manche ähneln auch unserem Planeten. Kugeln, die absolut klar sind, bergen die größtmögliche Schwingung und sollten den Meistern der Kristallheilkunde vorbehalten bleiben. Zur Kristallmeditation nehmen wir in einem Zustand völliger Ruhe und Gelassenheit die Kugel in beide Hände und blicken mit halbgeschlossenen Augen auf sie herab. Die nun aufsteigenden Bilder geben Antworten und Lösungsmöglichkeiten auf unsere momentane Situation. Ihre Energie lädt uns auf, entstrahlt und harmonisiert. Sie zeigt auch die Situation innerhalb einer Familie an, indem sie sich je nach Stimmung unter den Menschen eintrübt oder aufhellt.

Gebrauch: Bergkristall in Kugelform
Farben: Farblos, durchscheinend klar bis trüb, manchmal mit Regenbögen

LASERKRISTALL

Heilwirkung körperlich: Hilft körperliche Beschwerden im allgemeinen zu lindern

Heilwirkung geistig, seelisch: Bringt Klarheit, fördert geistige Bereiche

Laserkristalle sind stabförmige, meist einendige Bergkristalle, die nach unten hin flach verlaufen. In seltenen Fällen kommen sie auch als Doppelender vor. Diese Kristalle werden in Fachkreisen als „Skalpelle“ bezeichnet, weil Steinheilkundige damit ein ganzes Verhaltensmuster aus dem Energiesystem „herausschneiden“ können. Diese Methode ist allerdings umstritten, weil dem Klienten so die Möglichkeit genommen wird, sich selbst bewußt der Problematik anzunehmen und die Symptome zu bearbeiten. Bei gezieltem Einsatz holt der Laser jeden unbewußten Gedanken sehr rasch in unser Bewußtsein. Er findet häufig in Legemustern Verwendung, aber auch als Grundstein und Transformator für intensiv heilkräftige Steine, wie z. B. Charoit, Labradorit, Sugilith, Azurit usw. Bei äußerst sensibel reagierenden Menschen ist bei der Anwendung darauf zu achten, daß die Spitze des Steines nicht wie eine Waffe gegen den Körper gerichtet ist, da dies Rötungen und mitunter starke Schwellungen hervorrufen kann.

Gebrauch: Naturkristalle
Farben: Farblos, durchsichtig klar, manchmal auch trüb
Fundorte: USA, Brasilien, Madagaskar

MEDIALER KRISTALL

Heilwirkung geistig, seelisch: Hilfe bei Meditation, alte Verhaltensmuster loszulassen

Die vordere Seite des medialen Kristalls bildet eine große siebenseitige Facette, der gegenüber ein perfektes Dreieck liegt. Symbolisch steht die Zahl Sieben für Weisheit, Freiheit, Lieben, Frieden, Einheit und Freude. Sie verkörpert die Suche nach Wahrheit, Weisheit und dem höheren Selbst. Ein medialer Kristall hilft uns, materielles Denken loszulassen und unsere Intuition zu steigern. Um die neuen Erkenntnisse in Worte umzusetzen, konzentrieren wir uns auf das Dreieck, das jeder mediale Kristall auf seiner Rückseite aufweist. Mit Vorliebe werden solche Kristalle bei Meditationen – in Gruppen oder allein – eingesetzt. Zuweilen auch zusammen mit einem Transmitterkristall, da dieser „männlich" und der mediale Kristall „weiblich" ist und somit eine Polarität entsteht. Mediale Kristalle verleihen uns mehr Sicherheit und Ausdruckskraft und bringen uns in Verbindung mit anderen Wesenheiten, über die wir mehr über das wesentliche „Große-Ganze" erfahren.

Gebrauch: Naturkristalle, geschliffene Kristalle
Farben: Farblos, durchsichtig klar bis undurchsichtig
Fundorte: Schweiz, Österreich, Italien, USA, Brasilien, Madagaskar

PHANTOMKRISTALL

Heilwirkung körperlich: Bringt Energie in allen Chakren zum Fließen
Heilwirkung geistig, seelisch: Fördert geistige Reisen

Bei den Phantomkristallen zeichnen sich im Inneren frühere Wachstumsstadien ab. Manchmal sind es sogar mehrere und jeder Phantom symbolisiert eine Wachstumsphase, in welcher der Stein seine Vollkommenheit erreicht und sich aber dennoch immer wieder weiterentwickelt hat. Sind wir in der Lage, uns in einen Zustand völliger Ruhe zu versetzen, so können wir mit Hilfe eines Phantomkristalls tief in unser Seelenleben vordringen und zu den Quellen unseres Seins finden. Da diese Steine sehr selten sind, können wir sicher sein, daß nur jene mit ihnen in Kontakt kommen, die auch wirklich bereit dafür sind. Am schönsten und klarsten zeichnen sich Phantome im Bergkristall ab, aber es gibt sie auch im Zitrin, Rauchquarz und manchmal sogar im Amethyst.

Gebrauch: Naturspitzen, geschliffene Spitzen
Farben: Farblos, meist durchsichtig klar
Fundorte: Schweiz, Österreich, Italien, USA, Brasilien, Madagaskar

REGENBOGENKRISTALL

Heilwirkung körperlich: Bei allen Blockaden anwendbar
Heilwirkung geistig, seelisch: Meditation, Depressionen, Kummer

Als Regenbogenkristall bezeichnet man all jene Quarzkristalle, in denen sich reinweißes Licht bricht. Es ist ein herrliches Schauspiel, wenn dem Betrachter alle Farben des Regenbogens gleichzeitig entgegenleuchten; meist aus einem Bergkristall, Amethyst, Zitrin, Rutilquarz oder Turmalinquarz. Solche Kristalle sind jedoch äußerst selten, und wir sollten es daher besonders schätzen, wenn wir eines dieser Exemplare finden. Der Regenbogen gilt als Symbol der Hoffnung und Reinigung. Deshalb werden Kristalle mit einem solchen Farbenspiel vorzugsweise bei Meditationen verwendet, wobei der Stein auf die Stirnmitte gelegt wird. Menschen mit großem Kummer und Depressionen werden auf diese Weise schneller wieder aus dieser negativen Phase gelangen. Gerne wird der Regenbogenkristall auch als Verstärker anderer Steine und bei physischen Problemen aller Art verwendet.

Gebrauch: Rohsteine, Handsteine, Anhänger, Ketten, Kugeln, Pyramiden, Obelisken, Steinwasser
Farben: Farblos, Gelb, Rauchbraun, Violett, Rosa, jeweils mit allen Farben des Regenbogens
Fundorte: Schweiz, Österreich, Italien, USA, Brasilien, Madagaskar

SAATKRISTALL

Heilwirkung körperlich: Lähmungen, Brandwunden, Narbenentstörung, frische Wunden
Heilwirkung geistig, seelisch: Bewußtseinserweiterung, Nerven

Die Saat-, Samen- oder Keimkristalle sind eher unscheinbar und werden selten größer als ca. ein bis eineinhalb Zentimeter. Meist werden sie von der Spitze weg nach hinten etwas breiter. Auch sind ihre Linien nicht so exakt, wie bei einendigen Bergkristallen, und es fehlt ihnen oft an Transparenz. Dennoch sagt man ihnen nach, daß sie mit die ersten waren, die ein größeres Bewußtsein auf unseren Planeten brachten. Heute werden sie gern als kleine Verstärker in Legemustern und Verbindungen zwischen anderen Steinen verwendet. Ferner eignen sie sich zum Aufkleben auf bestimmte Problemzonen: wie Brandwunden, Narben sowie bei frischen Wunden; bei letzteren bringt man den Kristall über oder zwischen dem Verband an. Sogar bei Nervenzuckungen und Lähmungen wurden auf diese Weise gute Ergebnisse erzielt.

Gebrauch: Naturkristalle
Farben: Farblos, meist trüb, manchmal durchsichtig klar
Fundorte: Schweiz, Österreich, Italien, USA, Brasilien, Madagaskar

SKELETTQUARZ (ELESTIALKRISTALL)

Heilwirkung körperlich: Bei Erschöpfungszuständen, nach Drogenmißbrauch
Heilwirkung geistig, seelisch: Legt Gedanken und Gefühle frei

Der Elestial ist in seinem Äußeren völlig anders als alle anderen Bergkristalle. So kann er einendig, zweiendig, flach oder würfelig sein. Manchmal weist er mehrere Spitzen auf, und sehr oft erinnert er durch seine eigenwillige Anordnung an ein Skelett. Dieser Quarz kommt manchmal sogar in Rauchfarbe vor. Der Elestial kann uns ungeheures Wissen vermitteln, sofern wir in der Lage sind, uns auf ihn einzustimmen. Ist dies geschehen, können wir in unser tiefstes Inneres blicken, uns selbst erkennen und eine Reinigung und Heilung einleiten. Unser Bewußtsein wird erweitert, Gedanken werden neu geordnet, und wir erkennen das Übergeordnete, unser höheres Selbst. Wenn wir einem Elestial begegnen, haben wir einen wahren Freund gefunden. Zum Elestialkristall sollten allerdings nur jene greifen, die bereit sind, die Wahrheit über sich zu erfahren und sie auch zu akzeptieren, da durch die Arbeit mit dem Stein oft tiefgreifende Veränderungen eingeleitet werden können. Auch für Drogensüchtige kann er zum wertvollen Helfer werden.

Gebrauch: Naturkristalle
Farben: Farblos, Rauchig, durchsichtig bis undurchsichtig
Fundorte: Österreich, Schweiz, Italien, USA, Brasilien, Madagaskar

SPEICHERKRISTALL

Heilwirkung geistig, seelisch: Weisheit

Einen Speicherkristall als solchen zu erkennen, darf man wohl als Krönung der Arbeit mit Heilsteinen betrachten. Typisches Merkmal ist ein gleichseitiges Dreieck an mindestens einer seiner sechs Facetten, die direkt zur Spitze hin verlaufen. Manchmal besitzt er sogar mehrere dieser Dreiecke. Sie verkörpern die Dreiheit, sind allerdings oft sehr schwer zu sehen, und ihre Informationen, die mit unserem physischen Leben wenig zu tun haben, bleiben nur jenen Menschen zugänglich, die über eine positive Ausstrahlung verfügen und sich auf einer höheren Seelenebene befinden. Ich habe erlebt, daß sich einer dieser Kristalle, der sich schon lange in meinem Besitz befand und unzählige Male von mir eingehend betrachtet wurde, in den Händen eines „Auserwählten" veränderte: In der Berührung gab sich der Speicherkristall als solcher zu erkennen, indem sich das Dreieck materialisierte. Die Informationen, die wir durch einen Speicherkristall erhalten, sind mit keinem anderen vergleichbar. Diesen heiligen Stein darf man nur mit großem Respekt und Vorsicht einsetzen. Am besten wird er an das dritte Auge gehalten, sobald wir einen Zustand der völligen Ruhe erreicht haben. Sollten wir jemals für einen Speicherkristall reif sein, wird mit Sicherheit einer in unser Leben treten.

Gebrauch: Naturkristalle
Farben: Farblos, trüb, durchsichtig, klar
Fundorte: Schweiz, Österreich, USA, Brasilien, Madagaskar

TAFELIGER BERGKRISTALL (TABULAR)

Heilwirkung körperlich: Harmonisiert
Heilwirkung geistig, seelisch: Fördert telepathische Fähigkeiten, harmonisiert

Auch der Tabularkristall stellt eine Seltenheit in der Bergkristallfamilie dar. Er ist ein sehr flacher Kristall und eignet sich ausgezeichnet zum Auflegen. Bei Störungen im Energiesystem vermag er, wie kaum ein anderer, zwischen den Chakren wieder eine harmonische Schwingung herzustellen. Die Fähigkeiten hellsichtiger Menschen können mit dem Tabularkristall enorm erweitert werden.

Gebrauch: Naturkristalle
Farbe: Farblos, durchscheinend
Fundorte: Schweiz, Österreich, Italien, USA, Brasilien, Madagaskar

TRANSMITTERKRISTALL

Heilwirkung körperlich: Fördert Kommunikation
Heilwirkung geistig, seelisch: Fördert intuitive telepathische Fähigkeiten

Transmitterkristalle erkennt man wie Mediale und Dowkristalle an ihrer besonderen Zahlensymbolik. Drei von den sechs vorhandenen Seiten weisen Facetten von Sieben-Drei-Sieben auf – wobei die sieben Ecken Einheit, Frieden, Freiheit, Freude, Liebe, Verwirklichung und Weisheit verkörpern. Das Dreieck in der Mitte dient als Verbindung der beiden Siebenecken. Der Transmitterkristall hilft uns, Antworten auf Fragen über uns selbst zu finden. Dies kann folgendermaßen ablaufen: Sendet man sehr präzise Gedanken aus, können Bilder aufsteigen, die eine klare Lösung unseres Problems anzeigen. Sind die Gedanken oder Fragen eher ungenau, werden auch die Antworten nur bruchstückhaft erfolgen. Stets sollten wir ihn dabei in der linken Hand halten, ihn dann zum dritten Auge führen und unsere Frage stellen. Anschließend stellen wir den Kristall an einen hellen Platz. Am besten so lange, bis wir die Antwort bekommen, die wir suchen; dies kann durchaus bis zu einem Tag dauern. Ist dies geschehen, legen wir das Dreieck wieder auf die Stirnmitte, um die Botschaft zu vertiefen, die wir erhalten haben.

Gebrauch: Naturkristalle, geschliffene Kristalle
Farben: Farblos, durchsichtig klar bis undurchsichtig
Fundorte: Schweiz, Österreich, Italien, USA, Brasilien, Madagaskar

TRIGONKRISTALL

Heilwirkung geistig, seelisch: Hilfe bei Übertritt von einem Leben ins andere

Der Trigonkristall ist ein einendiger Bergkristall mit einem natürlich eingekerbten Muster aus lauter Dreiecken, die zur Spitze hin ausgerichtet sind. Ganz selten tritt dieses Muster beidseitig, zur Spitze und zur Basis verlaufend, auf. Der Trigon hilft nicht, Blockaden zu lösen oder Verhaltensmuster zu verändern, vielmehr begleitet er die Seele, bildlich ausgedrückt, auf ihrer letzten Reise zur Überseele. Er ist der Kristall, der die Phasen des Lebens und des Todes widerspiegelt, daher eignet er sich besonders für Menschen, die im Sterben liegen, da ihnen der Übergang in die andere Welt mit dem Trigon erleichtert wird. Aber auch Gebärenden sollte ein solcher Kristall in die Hand gegeben werden, da er dem neuen Erdenbürger den Übergang von einer Daseinsform erleichtern kann. Bewahren Sie diese Kristalle getrennt von Ihren anderen Kristallen auf und legen Sie sie vorzugsweise auf roten Samt oder Seide.

Gebrauch: Naturkristalle
Farben: Farblos, durchsichtig klar bis undurchsichtig
Fundorte: Schweiz, Österreich, Italien, USA, Brasilien, Madagaskar

ZWEIENDIGER BERGKRISTALL

Heilwirkung körperlich: Alle Blockaden, auch unterstützend zu anderen Steinen
Heilwirkung geistig, seelisch: Alle Blockaden, auch unterstützend zu anderen Steinen

Zweiendige Bergkristalle haben, wie ihr Name schon sagt, an beiden Enden eine Spitze. Diese seltenen Kristalle besitzen die Fähigkeit, zwei Energiezentren miteinander zu verbinden. Sie geben ihre Energie gleichmäßig über beide Spitzen ab. Legt man einen Zweiender zu den Fußenden, verbindet uns dieser mit der Kraft von Mutter Erde. Auf das Scheitelzentrum plaziert, stellt er die Verbindung zu unserem höheren Selbst her. Dieser Kristall bringt sehr viel Licht in unser Energiesystem und wir sollten ihn nach jeder Anwendung unter fließendem Wasser entladen und wenn möglich anschließend an der Sonne aufladen.

Gebrauch: Naturkristalle, geschliffene Kristalle
Farben: Farblos, trüb bis durchsichtig klar
Fundorte: Schweiz, Österreich, Italien, USA, Brasilien, Madagaskar

DIE BERYLLFAMILIE

Nachdem ich in „Harmonie und Heilkraft“ Band 1 über den Aquamarin und den Smaragd, die wohl bekanntesten Steine der Beryllgruppe, geschrieben habe, möchte ich hier die unbekannteren Vertreter dieser Familie vorstellen, da auch diese in der Heilsteinmedizin von unschätzbarem Wert sein können. Leider gehören sie zu den etwas teureren und nicht leicht aufzutreibenden Steinen, sofern man sie nicht gerade beim Juwelier erstehen will. Aber mit etwas Glück kann man manchmal an recht schöne und günstige Stücke kommen, die sich wunderbar für Heilzwecke eignen.

GOSHENIT

Heilwirkung körperlich: Löst alle Blockaden
Heilwirkung geistig, seelisch: Löst alle Blockaden

Der Goshenit, nach seinem Fundort „Goshen“ in den USA benannt, ist der farblose Vertreter der Beryllgruppe. Von seinem früheren Namen Beryllos wurde das Wort Brille abgeleitet, da die Griechen vor langer Zeit schon erkannten, daß sie mit diesem Stein ihren Blick schärfen konnten. Seine Heilwirkung geht allerdings weit über das der Augenprobleme hinaus. So kann man ihn, ähnlich dem Diamanten, gegen alle Blockaden des Körpers und des Geistes einsetzen. Seine Schwingung ist allerdings sehr fein, und so sollte er eher vorbeugend und in Vorstadien von Erkrankungen zu Hilfe genommen werden. Der Goshenit kann mit allen anderen farbigen Steinen kombiniert werden, was seine Wirkung enorm verstärkt.

Gebrauch: Rohsteine, geschliffene Steine, Anhänger, Ketten, Steinwasser
Farbe: Farblos
Fundorte: Goshen in Massachusetts/USA, China, Brasilien

HELIODOR

Heilwirkung körperlich: Herz, Lunge, Kreislauf, Stoffwechsel, Durchblutung
Heilwirkung geistig, seelisch: Nervenstärkend, fördert die Liebe, verjüngt

Der Name des Heliodor stammt aus dem Griechischen und heißt übersetzt „Geschenk der Sonne“. Dieser Stein fördert und verstärkt die Liebe zu unseren Mitmenschen. Er beruhigt, regt den Stoffwechsel und die Durchblutung an. Der Heliodor hat außerdem einen günstigen Einfluß bei Herzerkrankungen, Kreislaufschwäche und Lungenproblemen. Er verleiht seinem Träger ein frisches Aussehen.

Gebrauch: Rohsteine, Handsteine, Anhänger, Ketten, Steinwasser
Farben: Hellgelb bis Grün
Fundorte: Namibia, Brasilien, Madagaskar

MORGANIT

Heilwirkung körperlich: Herzrhythmus, entgiftet
Heilwirkung geistig, seelisch: Ruhelosigkeit, Hyperaktivität, Alpträume, Eifersucht

Der Morganit, nach dem amerikanischen Mineraliensammler „Morgan" benannt, ist ein sehr zarter Stein. Etwas Engelhaftes, Sanftes geht von ihm aus. Dieser Beryll wirkt oft wahre Wunder bei hyperaktiven, ruhelosen Menschen. Besonders Kinder sprechen auf seine feine Schwingung oft unmittelbar an. So kann er bei Problemen wie Bettnässen, Alpträumen, übersteigerter Eifersucht und Agression gute Dienste leisten. Über dem Herzen getragen, stärkt er das Herz und wirkt Rhythmusstörungen entgegen. Außerdem hilft er, als Steinwasser getrunken, den gesamten Körper zu entgiften.

Gebrauch: Rohsteine, Handsteine, Anhänger, Ketten, Steinwasser
Farben: Rosaviolett
Fundorte: Brasilien, Madagaskar, Mozambique, Simbabwe, Namibia, USA

DIE JASPISFAMILIE

Sehr umfangreich gestaltet sich diese Familie in Farben, Formen und Heilpotential. Es gibt kaum ein Problem, das wir nicht mit diesen Steinen lösen oder lindern können. Das ist zurückzuführen auf ihre Fähigkeit, Kraft und Energie zu spenden. Je nach Farben und Musterung hat jeder Stein seine eigene Schwingung. Sie ermöglicht es uns, ihn je nach Problematik einzusetzen. Nachdem ich in Band 1 die grundsätzliche Schwingungsrate und deren Wirkungsbereich beschrieben habe, möchte ich diesmal nicht versäumen, eingehender über die so zahlreiche Jaspisfamilie zu informieren und ihre wichtigsten und gebräuchlichsten Vertreter auf den nächsten Seiten vorzustellen.

BILDERJASPIS

Heilwirkung körperlich: Wärmend, kräftigend, Verdauung
Heilwirkung geistig, seelisch: Erdet, gegen spirituelles Abgehobensein

Der Bilderjaspis zeigt uns, wie sein Name schon sagt, landschaftsartige Bilder. Er erinnert uns an eine Sandwüste, da er deren Farbschattierungen aufweist. Er ist ein sehr kräftigender und wärmender Stein. Durch ihn wird uns Erdenergie vermittelt, was hauptsächlich für Menschen wichtig ist, die spirituell leicht abheben und dadurch Gefahr laufen, den Bezug zur Realität zu verlieren. Auch für Menschen mit Verdauungsproblemen kann dieser Stein sehr hilfreich sein. Wie jeder andere Jaspis kann auch er bei zu starker Belastung mangels entsprechender Behandlung verblassen oder zerspringen.

Gebrauch:	Rohstein, Handstein, Anhänger, Ketten, Kugeln, Steinwasser
Farben:	Hellbraun, Dunkelbraun, Beige, Ocker, mit bilderartigen Strukturen
Fundorte:	Indien, Ägypten, USA, GUS, Afrika, Frankreich

BRECCIENJASPIS

Heilwirkung körperlich: Ohrensausen, Ohrenschmerzen, Menstruationsbeschwerden

Heilwirkung geistig, seelisch: Zielstrebigkeit, Entscheidungskraft, erdet, fördert die Liebe, Treue, Zusammengehörigkeit in Partnerschaften

Der Breccienjaspis ist jener in dieser Familie, der uns am meisten Kraft gibt, wenn es gilt, Entscheidungen zu treffen. Er treibt uns voran und bringt uns unseren Zielen näher. Stecken wir diese zu hoch, so vermag er es, uns auf den Boden der Realität zurückzuholen. Tragen wir eine Breccienjaspiskette, hilft sie bei Ohrensausen und -schmerzen; auch Menstruationsbeschwerden lassen sich damit lindern. In einer Partnerschaft fördert er Liebe, Treue und verstärkt das Zusammengehörigkeitsgefühl.

Gebrauch: Handsteine, Anhänger, Ketten, Kugeln, Steinwasser
Farben: Rotbraun mit schwarzer Musterung
Fundorte: Indien, Ägypten, USA, GUS, Afrika, Frankreich, China, Mexiko

GELBER JASPIS

Heilwirkung körperlich: Durchfall, Verstopfung, Bauchspeicheldrüse, Leber, Galle, Drüsenschwellungen
Heilwirkung geistig, seelisch: Konzentration, lehrt uns verzeihen

Der gelbe oder beige Jaspis, dessen Vorkommen sich auf Gebiete in Indien und Mexiko beschränkt, wirkt vorwiegend positiv auf Bauchspeicheldrüse, Leber und Galle. Als Steinwasser getrunken hilft er Gallensteine auszuschwemmen, sowie bei Durchfall und Verstopfung erweist er sich als darmregulierend. Bei Drüsenschwellungen empfiehlt es sich, eine Kette aus gelbem Jaspis zu tragen. Dieser Stein stärkt unsere Konzentration und lehrt uns zu verzeihen.

Gebrauch: Handsteine, Anhänger, Ketten, Kugeln, Steinwasser
Farben: Beige, Gelb
Fundorte: Indien, Mexiko

LEOPARDENJASPIS

Heilwirkung körperlich: Übelkeit, Schwangerschaft, Geburt, Kraft, Energie
Heilwirkung geistig, seelisch: Fördert Liebe zur Natur und Tierwelt

Dieser Vertreter der Jaspisse weist ein Leopardenmuster auf, was ihm seinen Namen bescherte. Die besondere Varietät können wir nach langwierigen, auszehrenden Erkrankungen einsetzen, da sie uns am besten hilft, rasch zu regenerieren. Es ist mir aufgefallen, daß Schwangere besonders gern auf ihn zurückgreifen, da er Übelkeit mindert und für die Entbindung selbst Kraft und Ausdauer verleiht. Der Leopardenjaspis fördert auch unsere Liebe zur Natur, insbesondere der Tierwelt.

Gebrauch: Rohsteine, Handsteine, Anhänger, Ketten, Steinwasser
Farben: Alle Brauntöne, Rötlich, im Leopardenmuster
Fundorte: Indien, Ägypten, USA, GUS, Afrika, Frankreich

MOOKAIT

Heilwirkung körperlich: Zahnfleischentzündungen, Gliederschmerzen, Akne, Ekzeme, Abszesse, Neurodermitis, Husten, Heiserkeit, Nebenhöhlen, eitrige Infektionen, Kopfschmerzen
Heilwirkung geistig, seelisch: Beruhigt

Der Mookait ist eine seltenere Varietät in der Jaspisfamilie. Sie läßt sich hervorragend bei Hautproblemen einsetzen, vor allem bei Akne, Ekzemen, Abszessen und Neurodermitis. In Kombination mit Olivin, Turmalin und Amethyst kann sogar ein noch besserer Heilungsprozeß in Gang gesetzt werden. Wenden wir den Mookait in Verbindung mit Bernstein an, hilft uns das bei Erkältungskrankheiten und deren Begleiterscheinungen wie Husten, Hals- und Nebenhöhlenentzündungen, Heiserkeit, Gliederschmerzen, eitrigen Infektionen und Kopfschmerzen. Bei Zahnfleischentzündungen sollten wir ein Steinwasser mit Mookait, Bergkristall und Bernstein bereiten und den Mund täglich damit ausspülen.

Gebrauch: Handsteine, Anhänger, Ketten, Steinwasser
Farben: Dunkel-, Mittel-, Hellbraun, Rötlichbraun, Beige, weiß gefleckt
Fundorte: Australien, China

ROTER JASPIS

Heilwirkung körperlich: Bauchspeicheldrüse, Milz, Leber, Nieren, Blase, Magen, Darm, Schwangerschaft, entwässert, entschlackt, Krampfadern, Krämpfe, blutstillend, Menstruation, Immunsystem, Nerven
Heilwirkung geistig, seelisch: Ausgeglichenheit

Der rote Jaspis, einer der großen Heilsteine der Indianer, die ihn vor Jahrhunderten genauso verehrten wie heute. Sie erkannten seine Wirkung für Körper, Geist und Seele. Der Jaspis wurde so zum beliebten Amulettstein des roten Mannes. Doch auch bei uns erfreut sich diese Varietät des Jaspis zunehmender Beliebtheit. Seine Heilwirkung ist die umfangreichste in der Jaspisfamilie. Folgende Probleme lassen sich mit ihm behandeln: Leber-, Blasen-, Magen-, Darm-, Milz- und Nierenerkrankungen und Fehlfunktionen der Bauchspeicheldrüse; in der Schwangerschaft schützt er das Ungeborene vor Mißbildung; er entwässert, entschlackt, wirkt blutstillend, lindert Menstruationsbeschwerden, Krämpfe und Krampfadern; überdies stärkt er Nerven und Immunsystem. Bei starken Blockaden ist zu empfehlen, diesen ohnehin schon starken Stein mit einem Bergkristall zu kombinieren, was seine wohltätige Kraft noch intensiviert.

Gebrauch: Rohsteine, Handsteine, Anhänger, Ketten, Steinwasser
Farbe: Rotbraun
Fundorte: Indien, Ägypten, USA, GUS, Afrika, Frankreich

DIE TURMALINFAMILIE

Turmaline kommen in allen Farben des Spektrums vor. Und dieser Vielfalt verdanken wir es, daß dieser Stein ganzkörperlich eingesetzt werden kann. Doch leider findet man ihn in eher geringen Mengen, was seinen hohen Preis bestimmt.

Nachdem ich in Band 1 bereits den Turmalin im allgemeinen vorgestellt und dem schwarzen und dem Turmalinquarz ein eigenes Kapitel gewidmet habe, möchte ich hier die einzelnen Vertreter dieser edlen Familie beschreiben.

Zwei Steine aus dieser Gruppe möchte ich wegen ihrer Seltenheit nur ganz kurz erwähnen, da wir kaum die Möglichkeit haben, sie zu erstehen – und wenn, dann sind sie sehr teuer. Es handelt sich um den Achroit, den farblosen Vertreter der Turmaline, und den Siberit, die violettblaue bis lilarote Varietät. Der Achroit eignet sich zur Behandlung aller Energiezentren, der Siberit, sofern er violettblau ist, für das Stirn- und Scheitelzentrum, der lilarote hingegen für das Wurzelzentrum.

Finden Sie auf den nächsten Seiten Ihren persönlichen Favoriten dieser edlen Gruppe.

DRAVIT

Heilwirkung körperlich: Entstrahlt, gebärmutterstärkend, Blase, Prostata
Heilwirkung geistig, seelisch: Erdqualitäten, Schutzstein

Der Dravit ist ein brauner, eher unscheinbarer Turmalin. Er bringt uns mit der Kraft der Erde in Verbindung, was bei Meditationen davor schützt, geistig abzuheben. Der braune Turmalin bewahrt uns ähnlich wie der schwarze Turmalin (Band 1) vor Negativeinflüssen aller Art. Nur ist es wichtig, den braunen Stein regelmäßig zu reinigen, da er die Negativschwingungen aufnimmt, im Gegensatz zum schwarzen, der abblockt und nicht aufnimmt. Der Dravit stärkt die Gebärmutter und wirkt einer Blasenschwäche entgegen. Auch Männer mit Prostataproblemen sollten diesen Stein tragen.

Gebrauch: Rohsteine, Handsteine, Steinwasser
Farben: Alle Brauntöne
Fundorte: Slowenien, Italien, England, GUS, Kenia, Tansania, Madagaskar, Moçambique, Namibia, Sri Lanka, USA, Brasilien, Australien

INDIGOLITH

Heilwirkung körperlich: Lunge, Kehlkopf, Migräne, Kopftumor, Tränenfluß, fiebersenkend, Zahnschmerzen, Verbrennungen
Heilwirkung geistig, seelisch: Konzentration, Schizophrenie, verleiht der Stimme Ausdruck

Der Indigolith ist der kostbarste und seltenste Vertreter der Turmaline. Schon ein kleines Stück dieses Steines vermag dichteste Blockaden in Hals- und Kopfbereich zu lösen. Deshalb wird der Indigolith bei Lungenerkrankungen, Kehlkopfentzündungen, Migräne und sogar bei Kopftumor eingesetzt. Ferner klärt er Gedanken, schärft die Konzentration und hilft in Fällen von Schizophrenie. Mit dem blauen Turmalin können wir auch Tränenfluß unterbinden, Fieber senken, Zahnschmerzen lindern, Verbrennungen kühlen sowie unserer Stimme mehr Ausdruck verleihen.

Gebrauch: Rohsteine, Anhänger, selten Ketten, Steinwasser
Farbe: Blautöne
Fundorte: Brasilien, Namibia

RUBELLIT

Heilwirkung körperlich: Herzprobleme, Pubertätsprobleme, entgiftet
Heilwirkung geistig, seelisch: Fördert selbstlose Liebe

Der Rubellit stellt die rosa bis rote Varietät des Turmalines dar. Er ist ein Stein, der eine sehr feine Schwingung ausstrahlt und uns die Tugend des Gebens lehrt, indem er unser Herzzentrum öffnet. Unser Feingefühl für die Nöte und Bedürfnisse unserer Mitmenschen wird mit seiner Hilfe gefördert. Tragen wir einen Rubellit, wird der Ausscheidungsprozeß beschleunigt, wodurch Giftstoffe im Körper schneller abgebaut werden. Kindern in der Pubertätsphase wird er ebenfalls eine große Hilfe sein.

Gebrauch: Rohsteine, Handsteine, Anhänger, Ketten, Steinwasser
Farben: Rosa bis Rötlich
Fundorte: Italien, England, GUS, Kenia, USA, Brasilien, Tansania, Madagaskar, Moçambique, Namibia, Sri Lanka, Australien

VERDELITH

Heilwirkung körperlich: Herzrhythmusstörungen, Herzmuskelschwäche, Herzmuskelentzündungen, Herzrasen, Herzstechen, blutdruckregulierend, zellerneuernd im Brustbereich
Heilwirkung geistig, seelisch: Steigert das Selbstwertgefühl, Nerven

Verdelith, der grüne Vertreter in dieser Gruppe, ist derjenige, der am häufigsten vorkommt. Er eignet sich ideal zur Behandlung des Herzchakras. Probleme in diesem Bereich lassen sich mit dem Verdelith in den Griff bekommen. Dazu zählen Herzrhythmusstörungen, Herzmuskelschwäche und -entzündungen, Herzrasen und Herzstechen. Für Menschen, die sehr viel Liebe geben, aus einem Gefühl der Minderwertigkeit heraus jedoch nicht fähig sind, Liebe auch anzunehmen, wird dieser Turmalin eine große Hilfe sein, da er das Selbstwertgefühl steigert. Der grüne Turmalin hilft dabei, den Blutdruck zu regulieren, und wirkt hauptsächlich im Brustbereich zellerneuernd.

Gebrauch: Rohsteine, Handsteine, Anhänger, Ketten, Kugeln, Steinwasser
Farben: alle Grüntöne
Fundorte: Italien, England, GUS, Kenia, Tansania, Madagaskar, Moçambique, Namibia, Sri Lanka, USA, Brasilien, Australien

WASSERMELONENTURMALIN

Heilwirkung körperlich: Herzprobleme aller Art, reguliert den Blutdruck, Nervenschmerzen, entgiftet, Pubertät, zellerneuernd
Heilwirkung geistig, seelisch: Lehrt Liebe zu geben und sie auch anzunehmen, stärkt das Selbstvertrauen, Nervosität

Der Wassermelonenturmalin erhielt seinen Namen aufgrund seiner Farbkombination von Rosa und Grün. Wobei eben der Kern des Steines rosa und der äußere Rand grün schimmert. In diesem zweifarbigen, auf natürliche Weise entstandenen Turmalin vereinen sich die positiven Schwingungen von Verdelith und Rubellit, was ihn zu einem außergewöhnlich starken Heilstein macht. Er sollte von Menschen getragen werden, die weder geben noch annehmen können. Der Wassermelonenturmalin hilft uns zu öffnen und zu integrieren.

Gebrauch: Rohsteine, Querschnitte, Handsteine, Anhänger, Ketten
Farben: Grün und Rosa
Fundorte: Italien, England, GUS, Kenia, Tansania, Madagaskar, Moçambique, Namibia, Sri Lanka, USA, Brasilien, Australien

APACHENTRÄNE

Heilwirkung körperlich: Darmprobleme, Magen, fördert die Regeneration
Heilwirkung geistig, seelisch: Hilft uns zu erden, starke Depressionen, tiefe Trauer

Über die Apachenträne gibt es eine wunderschöne, traurige Geschichte: Als der weiße Mann in das Land der Apachen eindrang und sich alles nahm, was bis dahin ihre Heimat war, weinten die Indianer bittere Tränen, die auf der Erde erstarrten; bis heute werden sie von einigen Stämmen als Symbol der Freiheit angesehen und zu deren Bewahrung getragen. Apachentränen haben einen günstigen Einfluß auf den Magen-Darm-Trakt und wirken nach längeren Erkrankungen kräftigend; bei spirituellem Abgehobensein bringen sie uns schnell in die Realität zurück. Auch tiefe Trauerphasen lassen sich mit diesem Obsidian besser überstehen. Allerdings sollte man den Stein danach mit all seiner gespeicherten Trauer, Wut und Hilflosigkeit in einen Fluß, Bach oder See werfen.

Gebrauch: Rohsteine, Anhänger, Steinwasser
Farbe: Dunkelbraun, durchscheinend
Fundorte: Arizona, Utah/USA

APATIT

Heilwirkung körperlich: Infektionskrankheiten, Fettablagerungen, Verdauung, kreislaufstabilisierend, Muskeln, Wechselbeschwerden, Wachstum, Schlafprobleme, Drüsen, Strahlenschäden
Heilwirkung geistig, seelisch: Streß, harmonisiert

Der Apatit kommt in mehreren Farben vor und zeigt uns einmal mehr, wie vielfältig das Reich der Mineralien ist. Die grüngelbe Varietät zum Beispiel erinnert an Spargelkraut und wurde deshalb Spargelstein genannt. Bei uns wird am häufigsten der blaugrüne, sogenannte Moroxit angeboten. Es gibt kaum ein Problem, das sich nicht mit dem Apatit lösen oder zumindest lindern läßt. Er hilft bei Grippe, Erkältungskrankheiten, Übergewicht, Verdauungsproblemen, Kreislaufstörungen, Muskelschwäche, Wachstumsstörungen, Wechselbeschwerden, Nervosität, Schlaflosigkeit, Drüsenschwellungen und Verstrahlung.

Gebrauch: Handsteine, Anhänger, Ketten, Kugeln, Steinwasser
Farben: Farblos, Weiß, Rosa, Violett, Gelb, Grün, Blau
Fundorte: Deutschland, Österreich, Schweiz, Frankreich, Schweden, Norwegen, GUS, Mexiko, USA, Oberbirma, Brasilien, Sri Lanka, Tschechien, Indien, Madagaskar, Südafrika

APOPHYLLIT

Heilwirkung körperlich: Multiple Sklerose, Osteoporose, Knochenmark
Heilwirkung geistig, seelisch: Überheblichkeit, Unnachgiebigkeit, Minderwertigkeitskomplexe, Gefühlskälte, Trauer

Der Apophyllit mit seinem eigenwillig anmutenden Schimmer besitzt eine sehr feine Schwingung. Er wirkt in erster Linie im Gefühlskörper des Menschen. Alle Fehlleitungen in diesem Bereich werden von ihm korrigiert und in harmonische Bahnen geleitet. Dieser Stein, den man auch Fischaugenstein nennt, hilft bei Gefühlskälte, Unnachgiebigkeit, lang andauernder Trauer, Überheblichkeit sowie Minderwertigkeitskomplexen. Apophyllit läßt sich in Kombination mit Malachit oder Rosenquarz zur Behandlung von Multipler Sklerose und zusammen mit Calcit und Sugilith bei Knochenmarkerkrankungen und Osteoporose einsetzen.

Gebrauch: Natursteine (Einzelkristalle oder Stufen), Steinwasser
Farben: Farblos, Weiß, Gelb, Bräunlich, Rötlich, Grün, Bläulich
Fundorte: Deutschland, Tschechien, Italien, Norwegen, Indien, USA, Mexiko, Brasilien

ARAGONIT

Heilwirkung körperlich: Knochenbau, Rheuma, Arthritis, Zähne
Heilwirkung geistig, seelisch: Nervliche Anspannung, Überempfindlichkeit

Der Aragonit ist bei uns kaum bekannt, wird jedoch in Italien und Spanien schon sehr lange zur Verarbeitung zu Ziergegenständen verwendet. In der Heilsteinmedizin ist er eine wunderbare Ergänzung zur Behandlung von Knochenerkrankungen, Gelenksrheuma, Arthritis und Zahnproblemen. Dank seinem hohen Calciumgehalt übt er einen günstigen Einfluß auf den Knochenbau sowie den Zahnschmelz aus. Bei Brüchen wird der Heilungsprozeß positiv beeinflußt und somit beschleunigt. Überempfindliche oder zu Depressionen neigende Menschen sollten einen Aragonit auf dem Sonnengeflecht tragen. In verarbeitetem Zustand wird dieser Stein oft mit dem Calcit verwechselt.

Gebrauch: Rohsteine, Handsteine, Anhänger, Ketten, Steinwasser
Farben: Farblos, Weiß, Gelb, Grau, Grün, Bläulich, Rötlich
Fundorte: Österreich, Tschechien, Spanien, Italien, Frankreich, USA, Neuseeland

BOJI

Heilwirkung körperlich: Körperenergie, Verbrennungen, fördert Heilungsprozesse, zellerneuernd und regenerierend
Heilwirkung geistig, seelisch: Ausgeglichenheit

Man sagt, Bojisteine sind so alt wie die Welt. Sie werden mitten im Herzen Amerikas an einem den Indianern heiligen Platz gefunden. Die genaue Stelle ist bis heute ein wohlgehütetes Geheimnis. Leider sind die Bojisteine sehr selten. Es gibt jeweils ein männliches (mit rauher Oberfläche) und ein weibliches (mit glatter Oberfläche) Exemplar. Man soll sie immer paarweise verwenden, da der eine ohne den anderen auf Dauer nicht existieren kann und seine Energie verliert. Bewahrt man die Steine getrennt auf, zerfallen sie nach geraumer Zeit zu Staub. Bei liebevoller, verantwortungsbewußter Anwendung von Bojipaaren können wir hingegen ein Höchstmaß an Lebensenergie erreichen. Dabei halten wir das Männchen in der linken und das Weibchen in der rechten Hand oder plazieren diese auf die jeweilige Körperhälfte. Bojisteine sind mächtige Helfer, die wir wie einen Schatz hüten sollten.

Gebrauch: Rohsteine, Anhänger
Farben: Grau, Braun, manchmal bunt angelaufen (sogenannte Regenbogen-Bojis)
Fundort: USA

BUNTKUPFERKIES (BORNIT)

Heilwirkung körperlich: Verdauungsprobleme, Herzrhythmusstörungen, Halsentzündungen
Heilwirkung geistig, seelisch: Emotionale Blockaden

Buntkupferkies ist ein optisch sehr ansprechender, fröhlicher Stein. Durch seine Farbenpracht und seinen metallischen Glanz gefällt er vor allem Kindern, weshalb ich ihn auch gern „Kinderstein" nenne. Setzt man ihn in Phasen der Trauer und Depression ein, wird man durch ihn bald wieder die sonnigen Seiten des Lebens erkennen. Überdies besänftigt er aufbrausende Gemüter und eifersüchtige Naturen, lindert Halsschmerzen, Herzbeschwerden und reguliert die Darmtätigkeit.

Gebrauch: Meist nur Rohsteine, selten Handsteine und Anhänger
Farben: Rötlich bis Bronzebraun, meist bunt angelaufen
Fundorte: Deutschland, Polen, England, Südafrika, Namibia, USA, Chile

CHAROIT

Heilwirkung körperlich: Zellerneuernd, stärkt das Immunsystem, lindert Schmerzen ganzkörperlich, Strahlenschutz

Heilwirkung geistig, seelisch: Meditationsstein, hilft das Bewußtsein zu erweitern

Der Charoit ist ein sehr seltener Stein. Man setzt ihn hauptsächlich zur Zellerneuerung im gesamten Körperbereich ein. Er hilft uns starke Blockaden zu lösen sowie unser Immunsystem zu stärken. Ferner bietet er Schutz vor Übergriffen geistiger Welten. Mit diesem Stein sollten nur jene Menschen arbeiten, die sich sehr stark zu ihm hingezogen fühlen. Der Charoit gibt uns eine starke Rückbindung auf die Erde und wirkt gleichzeitig öffnend auf den Geist.

Gebrauch: Rohsteine, Handsteine, Anhänger, Ketten, Kugeln, zum Auflegen, Steinwasser

Farben: Violett in verschiedenen Tönen mit Schwarz

Fundort: Ausschließlich Ostsibirien/GUS

CHRYSOBERYLL

Heilwirkung körperlich: Haut, Augen, Herz, Magen
Heilwirkung geistig, seelisch: Nerven, Einfühlungsvermögen, schützt und glättet die Aura

Der Chrysoberyll ist einer der außergewöhnlichsten Steine, der mir je begegnet ist. Er vermittelt uns durch bloßes Berühren mit den Fingerspitzen ein ungemeines Wohlbehagen. Wird er um den Hals getragen, hüllt seine feine Schwingung unsere gesamte Aura ein und schützt uns vor allem Negativen. Eine seltene, faszinierende Varietät des Chrysoberyll ist das Katzenauge. Schleift man diesen kostbaren Stein zu einem Cabochon, erscheint ein wogender Lichteffekt, der an die Pupille der Katze erinnert. Mit dem Chrysoberyll lassen sich Hautprobleme aller Art sowie Sehschwäche gut behandeln. Wir gelangen durch ihn zu innerer Ruhe, Ausgeglichenheit und zu mehr Verständnis für unsere Mitmenschen. Leider ist der Chrysoberyll sehr selten und teuer.

Gebrauch: Rohsteine, Anhänger, zum Auflegen, Steinwasser, Ketten (Rarität)
Farben: Goldgelb, Grüngelb, Bräunlich, helles Grün
Fundorte: Schweden, Sri Lanka, Brasilien, China, GUS, Simbabwe, Birma, USA, Australien

CÖLESTIN

Heilwirkung körperlich: Beschleunigt Heilungsprozesse, fördert die Zellerneuerung, lindert Schmerzen, Regelstörungen
Heilwirkung geistig, seelisch: Fördert die Charakterzüge, gegen Ängste, harmonisiert

Der Name Cölestin stammt aus dem Lateinischen und bedeutet soviel wie „der Himmlische“. Die Römer nannten ihn „Aqua Aura“, da er unsere Aura in eine fast vollkommene Harmonie zu versetzen vermag. Da dieser wunderbare Stein heute leider sehr selten geworden ist, versucht man inzwischen eine gleichwertige Schwingung künstlich herzustellen, indem man Bergkristalle mit Gold bedampft. Diesen so hergestellten Stein nennt man ebenfalls „Aqua Aura“. Seine Schwingung ist wohl ähnlich, doch sehr viel geringer, als die des echten Cölestin. Cölestin läßt Wunden schneller heilen, entstört Narben, regt die Zellerneuerung an, lindert Schmerzen und reguliert den Monatszyklus. Ferner fördert er die menschliche Treue und bringt stilles Glück in den Alltag.

Gebrauch: Rohsteine, Drusen, Handsteine, Steinwasser, selten als Anhänger
Farben: Blaßblau, Weiß, Gelblich, Grau, Farblos, sehr selten Rötlich und Grünlich
Fundorte: Polen, Deutschland, Italien, Spanien, England, Madagaskar, USA, GUS

CYANIT (KYANIT, DISTHEN)

Heilwirkung körperlich: Grippe, Erkältung, Angina, Heiserkeit, Stimmbänder, Speiseröhre
Heilwirkung geistig, seelisch: Konzentration, Sprachstörungen

Der Cyanit, obwohl in vielen Farben vorkommend, ist meist nur in Blau erhältlich. Er wirkt um so stärker, je intensiver seine Farbe ist. Meistens ist er sehr porös, weshalb man ihn vorwiegend nur als Rohstein erhält, seltener als Handstein. Am besten verwendet man den Cyanit in Kombination mit blauem Chalcedon und Bergkristall. Vor allem bei Erkrankungen des Kehlkopfs, der Stimmbänder, Speiseröhre, bei Grippe und Angina. Er steigert die Konzentration und verleiht der Stimme mehr Ausdruck. Daher können mit diesem Stein Sprachstörungen gelindert oder im günstigsten Fall sogar behoben werden.

Gebrauch: Rohsteine, selten Handsteine
Farben: Blau, seltener Gelblich, Grün, Weiß, Rosa, Farblos
Fundorte: Österreich, Schweiz, Italien, Indien, Australien, USA, Brasilien, Birma, Kenia

FOSSILIEN

Heilwirkung körperlich: Wachstum, Wirbelsäule, Eisenmangel, Krämpfe, Zellerneuerung
Heilwirkung geistig, seelisch: Bewußtseinserweiternd, fördert die Liebe zur Natur

Fossilien sind im allgemeinen zu Stein gewordene Reste von Lebewesen oder verkieseltes Holz. Sie faszinieren durch ihr hohes Alter, doch oft auch wegen ihrer schillernden Farben und bizarren Formen. Fossilien erweitern unseren Horizont und verbinden uns mit der Kraft und Weisheit der Natur. Ferner fördern sie das Wachstum, stärken die Wirbelsäule, helfen bei Eisenmangel, lösen Verkrampfungen und regen die Zellerneuerung an.

Gebrauch: Rohstücke, Anhänger
Farben: Grau, Braun, Ocker, alle Erdtöne
Fundorte: Fossilien gibt es überall auf der Welt

GAGAT/JETT

Heilwirkung körperlich: Knochenbau, Zähne, Wirbelsäule
Heilwirkung geistig, seelisch: Depressionen, Trauer, Eifersucht, Haß, Neid, erdet

Der Gagat hat leider keinen sehr guten Ruf, da er von manchen früheren Kulturen für schwarzmagische Zwecke mißbraucht wurde. Tatsächlich kann man mit diesem Stein bei richtiger Anwendung aber sehr dicke Blockaden lösen, wie etwa ständig wiederkehrende negative Gedanken. So lassen sich mit dem Gagat Neid, Haß, Eifersucht und tiefe Trauer lindern. Ferner wirkt er positiv auf Zähne, Knochenbau und Wirbelsäule. Bei Meditationen wird er zur Erdung eingesetzt. Dieser Stein sollte allerdings vor und nach jeder Behandlung für einige Stunden gereinigt werden, da Negatives sehr stark an ihm haften bleibt. Sollten Sie extrem Belastendes mit ihm gelöst haben, werfen Sie den Gagat, nicht ohne ihm vorher für seine Hilfe gedankt zu haben, in einen Fluß oder See.

Gebrauch: Rohsteine, Handsteine, Anhänger, zum Auflegen
Farben: Schwarz, Braun
Fundorte: England, Spanien, Frankreich, USA

GOLDFLUSS

Heilwirkung körperlich: Kehlbereich, Innenorgane, entschlackt
Heilwirkung geistig, seelisch: Konzentration, Meditation, Geborgenheit

Über den Goldfluß gibt es allerlei Geschichten, die sich bei genauerem Hinsehen freilich alle als Märchen entpuppen. Dieser glitzernde Stein ist weder in Flüssen zu finden, noch entsteht er auf natürliche Weise; er ist vielmehr ein Kunstprodukt findiger italienischer Mönche. Mineralien und Glas werden in einem Schmelzverfahren zu Goldfluß verquickt. In China hat man zwar versucht, dieses Verfahren nachzumachen, was auch gelungen ist, an die italienische Qualität reichen diese Steine aber bei weiten nicht heran. Den Goldfluß gibt es in einem warmen Rotbraun und in einem schönen Lilablau. Obwohl dieser Stein künstlich hergestellt wird, hat er wegen seiner überwiegend natürlichen Zutaten einen überaus wohltuenden Einfluß auf den menschlichen Körper. Rotbrauner Goldfluß wirkt auf unsere Innenorgane wärmend und reinigend, und schafft ein Gefühl des Vertrauens und der Geborgenheit. Der lilablaue hilft bei Problemen im Halsbereich, schärft den Verstand und unterstützt bei Meditationen.

Gebrauch:	Rohsteine, Handsteine, Anhänger, Ketten, Pyramiden, Kugeln, Ziergegenstände
Farben:	Rotbraun, Lilablau
Herstellungsländer:	Italien, China

HALIT

Heilwirkung körperlich: Stärkt den gesamten Organismus, Haut, Haar, Nägel, Rheuma, Arthritis, Bindegewebe

Der Halit ist ein sehr weicher Stein und leicht in Wasser aufzulösen. Bei allen Völkern der Erde ist Steinsalz schon seit Jahrtausenden bekannt. Es war auch für unsere Vorfahren von unschätzbarem Wert und zählt bis heute zu den unerläßlichen Dingen unseres Lebens. Da Salz viele Spurenelemente ohne chemische Zusätze enthält, eignet es sich hervorragend zum Würzen von Speisen. So verwendet, übt Halit eine kräftigende Wirkung auf unseren gesamten Organismus aus. Bei Hautproblemen, Rheuma, Arthritis, Bindegewebsschwäche oder zum Kräftigen von Haar und Nägeln ist es aber auch als Badezusatz beliebt.

Gebrauch: Rohsteine
Farben: Farblos, Weiß, Grauschwarz, Blau, Gelb, Rötlich
Fundorte: Österreich, Deutschland, Frankreich, und an vielen anderen Orten auf der Welt

HOLZSTEIN

Heilwirkung körperlich: Zahnfleisch, Gelenke, Unterleib, Prostata, Muskeln
Heilwirkung geistig, seelisch: Beruhigend, erdend

Holzstein ist verkieseltes Holz und wird auch versteinertes Holz genannt. Die größten Holzsteine gibt es in Arizona, wo sie einen Durchmesser von ca. drei Meter und eine Läng von 65 Meter erreichen. Ihr Alter wird auf etwa 200 Millionen Jahre geschätzt. Durch Polieren solcher Stücke kommt ihre ganze Farbenpracht zum Vorschein, die mitunter sehr vielfältig sein kann. Der Holzstein eignet sich besonders zur Behandlung von Unterleibs- und Prostatabeschwerden, Muskelschwäche, Zahnfleischschwund und Gelenksrheuma. Er vermittelt durch seine warme Ausstrahlung Harmonie und Geborgenheit. Ferner schafft er eine tiefe Beziehung zur Mutter Erde.

Gebrauch: Rohstücke, polierte Scheiben, Handsteine, Buchstützen, Anhänger (selten), Steinwasser
Farben: Braun, Grau, Rot, Rosa, Hellbraun, Gelb, manchmal Blau, Violett
Fundorte: Deutschland, Österreich, USA, Ägypten, Argentinien

IOLITH

Heilwirkung körperlich: Bluthochdruck, Stoffwechsel, Übelkeit, Zellerneuerung
Heilwirkung geistig, seelisch: Konzentration, Meditation

In früheren Kulturen wurde der Iolith gleich dem Saphir hoch geschätzt, was ihm später den Namen Wassersaphir eintrug, da seine Farbe gegenüber dem echten Saphir eher wäßrig wirkt. Der Iolith weist ein faszinierendes Farbspiel auf und ist nicht zuletzt deshalb so begehrenswert. In der Heilsteintherapie hilft er unsere Gedanken zu ordnen, uns auf geistige Arbeiten vorzubereiten und unser inneres Gleichgewicht zu finden. Auch bei Bluthochdruck, Wasserstauungen im Körper, Stoffwechselproblemen, Übelkeit und Zellwucherungen sollten wir mit den Wassersaphir arbeiten. Den zusätzlichen Namen Cordierit erhielt dieser Stein nach seinem Entdecker, dem französischen Mineralogen „Cordier“.

Gebrauch: Handsteine, Anhänger, Ketten, Steinwasser
Farben: Blau in verschiedenen Tönungen, Grau, Violett, Gelb, Braun, Grünlich, Farblos
Fundorte: USA, Birma, Brasilien, Sri Lanka, Indien, Madagaskar, Deutschland, Finnland, Schweden, Norwegen, GUS, Kanada

LARIMAR

Heilwirkung körperlich: Wachstumsfördernd, Hilfe bei Geburt
Heilwirkung geistig, seelisch: Inspiration, harmonisiert

Der Larimar wurde erst im Jahre 1974 in der Dominikanischen Republik (Karibik) für die Welt entdeckt. Er gilt auf der Insel geradezu als Heiligtum. Sein Name setzt sich aus dem weiblichen Vornamen „Larissa" und dem spanischen Wort „Mar" (Meer) zusammen. Mit seinen grün-blauen und Türkistönen erinnert uns dieser Stein an die Natur und lehrt uns, mit ihr in Einklang zu leben. Der Larimar strahlt eine Frische aus, die trübe Gedanken vertreibt und allem Ungeborenen zum Durchbruch verhilft. Er fördert das Wachstum, was besonders für Kinder hilfreich ist.

Gebrauch: Rohsteine, Handsteine, Anhänger, Cabochon, Ketten (sehr selten), Steinwasser
Farben: Helle Blautöne, Türkisblau, helle Grüntöne, Weißlich-braun
Fundort: Dominikanische Republik

LAVENDELQUARZ

Heilwirkung körperlich: Schmerzen, Verspannungen, bringt Energie, beschleunigt Heilungsprozesse
Heilwirkung geistig, seelisch: schärft den Verstand, spiritueller Helfer

Der Lavendelquarz ist die lavendelfarbige Varietät des herkömmlichen blauen Chalcedons. Da dieser Stein heute recht selten geworden ist, bleibt nur zu hoffen, daß in Kürze ein größerer Fund zutage tritt. Der Lavendelquarz verfügt nämlich über eine enorme Heilkraft. Er ist, als Kette getragen, in der Lage, unsere gesamte Aura zu sättigen. Wer an einer schwer diagnostizierbaren Krankheit leidet, sollte diesen Stein tragen. Wenn er Glück hat, verschwinden die Symptome dann wie von selbst. Außerdem vermag er allen Bereichen unseres Körpers neue Lebensenergie zu geben. Lavendelquarz löst Verspannungen und lindert Schmerzen. Vor allem aber klärt er unsere Gedanken und verhilft uns zu einem besseren Verständnis gegenüber fremden Dingen und unserer eigenen Intuition. Dieser Stein wirkt am stärksten in Kombination mit Bergkristall, Aventurin grün und Smaragd.

Gebrauch: Handsteine, Anhänger, Ketten, Steinwasser
Farben: Lavendel bis milchig Weiß
Fundorte: Türkei, Madagaskar, Brasilien, Uruguay

LEPIDOLITH

Heilwirkung körperlich: Schlafstörungen, Nägelkauen, Haut, Bindegewebe
Heilwirkung geistig, seelisch: Meditation, Selbstvertrauen, Trauer

Der Lepidolith mit seinem schönen perlmuttartigen Glanz ist ein eher weiches Mineral. Seine Schwingungen sind nicht sehr kräftig, weshalb er in der Therapie vorzugsweise zusammen mit Bergkristall Anwendung findet. Mit dieser Kombination können wir erfolgreich Bindegewebsschwäche, Nägelkauen, hartnäckige Akne und Ekzeme behandeln. Lepidolith stärkt auch unser Selbstvertrauen, unterstützt Meditationen und hilft über Phasen von Trauer hinweg. Schlafstörungen wirkt er in Kombination mit Rosenquarz oder Amethyst entgegen.

Gebrauch: Rohsteine, Handsteine, Anhänger, Ketten, Steinwasser
Farben: Rosa bis Blaßviolett, selten Weiß, Grau, Gelb, Grünlich
Fundorte: Tschechien, Italien, Schweden, GUS, USA, Kanada, Madagaskar, Namibia

LINGAM

Heilwirkung körperlich: Unfruchtbarkeit, Impotenz, regenerierend, kräftigt
Heilwirkung geistig, seelisch: Zur Erdung, festigt Beziehungen

Der Lingam ist bei uns ein ziemlich neuer, noch kaum bekannter Stein. Er wird ausschließlich in Indien, im Fluß Narmada, gefunden. Schon in alten Schriften ist von einem namenlosen Flußstein die Rede, dem man große Heilkräfte nachsagt. Ich vermute, daß es sich dabei um den Lingam handelt, dessen Name dem Sanskritwort für „Phallus" entspricht. Den bisherigen Erfahrungen zufolge wirkt dieser Stein Unfruchtbarkeit entgegen und stärkt die Manneskraft. Auch hilft er, den Organismus zu regenerieren und vermittelt Kraft und Energie. Bei Meditationen eignet er sich als erdendes Element. Außerdem fördert er das Zusammengehörigkeitsgefühl in Familien.

Gebrauch: Handsteine
Farben: Grautöne, Erdbraun mit roter Bänderung
Fundort: Indien, im Fluß Narmada

MOLDAVIT (TEKTIT)

Heilwirkung körperlich: sehr unterschiedlich
Heilwirkung geistig, seelisch: Individualität des einzelnen begreifen

Tektite sind im wahrsten Sinn des Wortes Geschenke des Himmels: Sie entstehen in dem Moment, in dem ein Meteorit mit hoher Aufprallgeschwindigkeit auf die Erde trifft. Der Tektit ist also ein kondensiertes Verdampfungsprodukt. Tektite werden nach dem Einschlaggebiet der Meteorite benannt, etwa Australit, Thailandit und Moldavit. Die hier abgebildeten Exemplare stammen aus dem Land der Moldau. Die Wirkung dieser ungewöhnlichen Steine auf den menschlichen Körper ist derart unterschiedlich, daß eine Spezifizierung unmöglich ist. Das einzige, was uns dieser Stein mit Sicherheit lehrt, ist, die Individualität des einzelnen zu begreifen und zu akzeptieren. Darüber hinaus muß jeder selbst die Wirkung des Tektits an sich persönlich erfahren.

Gebrauch: Rohsteine, Anhänger, Steinwasser
Farben: Schwarzgrün bis Mittelgrün
Fundort: Tschechien

MOQUI MARBLES (HOPI MARBLES)

Heilwirkung körperlich: Entkrampft, regt die Zellerneuerung an, gegen Erschöpfungszustände

Heilwirkung geistig, seelisch: Steigert die Lebensenergie, schützt vor Negativem, gegen Erstarrungsprozesse

Die Geschichte der Moqui Marbles habe ich in Arizona kennengelernt, wo ich das Glück hatte, Karen Gillespie, eine Eingeweihte der Hopi Marbles wie der Bojisteine zu treffen. Ihren Namen verdanken die Hopis dem Indianerstamm, von dem sie entdeckt wurden. Um die Energie der Hopis zu aktivieren, bedarf es allerdings eines großen Einfühlungsvermögens. Man muß sie liebevoll hegen und pflegen, erst dann geben sie nach und nach ihr Schwingungspotential frei. Einmal aktiviert, liefern uns die Hopi Marbles ein schier unerschöpfliches Maß an Kraft und Energie. Vorzugsweise sollten wir immer mit einem Paar, also Männchen und Weibchen arbeiten, da beide zusammen in perfekter Harmonie schwingen, wobei der männliche Stein eine rauhe und der weibliche eine glatte Oberfläche aufweist. Er ist ein wunderbarer Begleiter bei schamanischen Naturerfahrungen.

Gebrauch: Natursteine
Farbe: Graubraun
Fundort: USA

PERLMUTT - SEEOPAL

Heilwirkung körperlich: Muskelkrämpfe, Knochen, Gelenke, Entschlackung, Haut, Haar, Nägel
Heilwirkung geistig, seelisch: Beruhigend, ausgleichend

Perlmutt und Seeopal sind Muscheln, in denen die Perlen heranwachsen. Man nennt sie deshalb auch die Mutter der Perle. Diese Muscheln werden heute vorzugsweise zu wunderbarem Schmuck verarbeitet. Auch die Heilwirkung ist sehr ähnlich. So hilft uns Perlmutt, das meist weiß ist, bei Muskelkrämpfen, Knochen- und Gelenkserkrankungen, es fördert die Entschlackung und stärkt Haut, Haar und Nägel. Der Seeopal, den man aus der Pavamuschel gewinnt, erinnert wegen seiner schillernden Farben stark an den Opal. Er kann bei Blockaden in allen Energiezentren eingesetzt werden.

Gebrauch: Muscheln, Rohstücke, Anhänger, Ketten, zum Aufstellen, zum Auflegen, Steinwasser
Farben: In allen Farben schillernd, der sogenannte Perlmuttglanz
Fundorte: Persischer Golf, Südküste Indiens, Küsten Mittelamerikas und Nordaustraliens

RHYOLITH

Heilwirkung körperlich: Magen, Darm, Blase, Nieren, Herz, Kreislauf
Heilwirkung geistig, seelisch: Inspiriert, Heiterkeit, Geborgenheit, schützt

Der Rhyolith, der oft mit Achat oder Jaspis verwechselt wird, weist meist unglaublich schöne Muster auf. Beliebt sind kristalline Einschlüsse, die ab und zu in diesem kieselsäurereichen Vulkangestein vorkommen. Dieser Vertreter aus dem Mineralreich eignet sich besonders zur Inspiration. So mancher hat mit seiner Hilfe den „Durchbruch" geschafft. Der Rhyolith vermittelt zudem gelassene Heiterkeit wie auch Geborgenheit. Hat man unliebsame Wege vor sich, bietet sich dieser Stein als idealer Schutzbegleiter an. Auch organische Leiden lassen sich mit ihm erfolgreich behandeln, etwa Magenschmerzen, Darmträgheit, Blasenschwäche und Entzündungen. Ferner stärkt er Herz und Kreislauf und regt die Nierentätigkeit an.

Gebrauch: Handsteine, Anhänger, Ketten, Steinwasser
Farben: Weiß, Grau, Gelblich, Orange, Rötlich, Grünlich, Bräunlich, schöne Muster
Fundorte: Deutschland, Frankreich, Italien, Island, USA, Peru, Australien

SARDER

Heilwirkung körperlich: Scharlach, Gürtelrose, Hirnhautentzündung, Gelbsucht, Entbindung, Verdauung, Gehör, Fieber
Heilwirkung geistig, seelisch: Nervenberuhigend

Der Sarder nahm schon zu Zeiten der heiligen Hildegard von Bingen einen sehr hohen Stellenwert ein. Man setzte ihn bei schweren Erkrankungen wie Scharlach, Gürtelrose, Hirnhautentzündung und Gelbsucht ein. Auch bei schwierigen Entbindungen half man sich mit dem Sarder. Auch heute noch verwendet man diesen Stein als zusätzliche, unterstützende Methode zur Schulmedizin für ähnliche Probleme. Auch bei Hörschäden und Verdauungsstörungen kann uns der Sarder nützlich sein.

Gebrauch: Handsteine, Anhänger, selten Ketten, Steinwasser
Farbe: Rotbraun
Fundorte: Indien, China, USA

SCHWARZE PERLE

Heilwirkung körperlich: Herz, Nervosität, Muskelkrämpfe, Haut, Haar, Nägel, Schilddrüse, Kehlbereich, Knochen, Ausscheidungsorgane
Heilwirkung geistig, seelisch: Harmonisiert, Meditation, Trauer

Da die schwarze Perle etwas ganz Besonders ist, möchte ich es nicht versäumen, ihr eine eigene Seite zu widmen. Sie entsteht einzig und allein in der Südsee, da es nur dort die für ihr Wachstum erforderlichen Bedingungen gibt. Die schwarze Perle besitzt eine außergewöhnlich hohe Schwingungsrate; sie verfügt nicht nur über das gesamte Heilpotential der herkömmlichen „weißen" Perle, sondern darüber hinaus je nach Farbe über einiges mehr. Weist sie einen Grünstich auf, wirkt sie wohltuend auf Herz und Nerven; blaustichige beeinflussen Schilddrüse und den gesamten Kehlbereich und unterstützen Meditationen. Mit ihrem Grundpotential können wir Knochenbrüche, Muskelkrämpfe, Ausscheidungsorgane, Haut, Haar, Nägel sowie Trauer behandeln. Die Perle sollten wir bei starken Blockaden täglich reinigen.

Gebrauch: Anhänger, Ketten (sehr teuer), Perlenwasser
Farben: Schwarz mit Grau-, Grün- oder Blaustich
Fundort: Südsee

SCHWEFEL

Heilwirkung körperlich: Schweißbildung, Haut, Drüsen, Rheuma, Atemwege, Kreislauf, Verdauung
Heilwirkung geistig, seelisch: Lindert Depressionen, hilft über schwierige Situationen.

Der Schwefel ist allein schon seiner Farbe wegen ein ansprechender Stein. Leider ist er sehr porös und weich, so daß er nicht zu Schmuck verarbeitet werden kann und wir mit ihm als Rohstein vorlieb nehmen müssen. Als solchen können wir ihn allerdings recht vielseitig einsetzen. Er vermindert übermäßige Schweißbildung, hilft bei hartnäckigen Hautproblemen, Drüsenschwellungen, Rheuma und Atembeschwerden, reguliert Kreislauf und Verdauung. Überdies hat er sich auch bei seelischen Problemen bewährt.

Gebrauch: Rohsteine
Farben: Gelb, Braunschwarz
Fundorte: Italien, Japan, Indonesien, GUS, USA, Mexiko

SEPTARIEN

Heilwirkung körperlich: Knochen, Verkalkung, Herz
Heilwirkung geistig, seelisch: Konzentration, hilft alte Verhaltensmuster zu lösen, steigert Energie

Die Septarien sind eine eigenwillige Laune der Natur, da sich in ihnen Ton und Calcit miteinander verbunden haben. Sie muten oft wie moderne, bizarre Gemälde an. Durch die harmonische Verbindung zweier eigenständiger Substanzen hilft uns dieser Stein, unsere Gedanken zu ordnen und zu erkennen, daß alles „eins" ist und wiederum Teil des Ganzen. Er vermittelt seinem Betrachter oder Träger eine friedvolle Stimmung, aber gleichzeitig auch jene Energie, die wir brauchen, um unsere Aufgaben zu meistern. Bei Knochenbrüchen fördert dieser Stein eine optimale Heilung und wirkt Ablagerungsprozessen und Verkalkung entgegen.

Gebrauch: Handstein, Kugeln, Buchstützen, Anhänger, zum Auflegen, Steinwasser
Farben: Grau, Braun, Gelbtöne
Fundorte: Deutschland, USA, Madagaskar

SERPENTIN

Heilwirkung körperlich: Insektenstiche, Durchfall, Malaria, Augen, Herz, Nieren, Lunge, Kopf-, Ohren-, Zahnschmerzen, Suchtgiftentwöhnung
Heilwirkung geistig, seelisch: Stärkt den Willen, löst Verhaltensmuster

Der Serpentin ist ein Stein mit sehr verschiedenartigem Aussehen. Am gebräuchlichsten ist bei uns der grüngefleckte Stein oder das seidenglänzende, gestreifte Silberauge. In vielen alten Kulturen wurde Serpentin als Schutzstein gegen Stiche und Bisse giftiger Tiere eingesetzt. Heute wird er gern auf Reisen in tropische Gebiete mitgenommen, da er das Immunsystem aktiviert und uns somit vor Malaria, Durchfall und anderen tropischen Erkrankungen schützt. Darüber hinaus übt er eine wohltuende Wirkung auf Herz und Nieren, Lunge und Augen aus. Sehr hilfreich ist er außerdem bei Schmerzen im Kopfbereich wie Migräne, Ohren- und Zahnschmerzen. Der Serpentin stärkt unseren Willen, was besonders bei Suchtgiftentwöhnung von Nutzen ist. Er lehrt, den natürlichen Fluß des Lebens zu akzeptieren und materielle Dinge nicht überzubewerten.

Gebrauch: Rohsteine, Handsteine, Anhänger, Ketten, Kugeln, Steinwasser
Farben: Hell- bis Dunkelgrün, getupft, gestreift, gefleckt, Graugrün, Grünbraun
Fundorte: Deutschland, Österreich, GUS, Simbabwe, Südafrika, Kanada, Indien, China, USA, Italien, Australien

SONNENSTEIN

Heilwirkung körperlich: Sexualprobleme, Arthritis, Rheuma, Durchblutungsstörungen, Verdauung, Erschöpfung
Heilwirkung geistig, seelisch: Depressionen, stärkt das Selbstvertrauen

Der Sonnenstein ist leider sehr selten und wird oft mit dem Goldfluß oder dem Aventurinquarz verwechselt. Dieser herrlich glitzernde Stein hat eine ungemein wärmende Wirkung auf unseren gesamten Organismus und erweist sich als ideale Hilfe für Menschen, die an Durchblutungsstörungen, vor allem im Unterleibsbereich, leiden. Bei mangelndem Sexualtrieb sollten wir einen Stein auf dem Sexualchakra tragen. Auch bei Erschöpfungszuständen, Depressionen, mangelndem Selbstvertrauen, Verdauungsproblemen, Rheuma und Arthritis findet der Sonnenstein seine Anwendung.

Gebrauch: Rohsteine, Handsteine, Anhänger, Ketten, Steinwasser
Farben: Orange, Rotbraun, glitzernd durch eingelagerten Hämatit und Goethit
Fundorte: USA, Kanada, Indien, Norwegen, GUS

STALAKTIT

Heilwirkung körperlich: Kräftigt, Gleichgewicht, Epilepsie, Infektionen, Schmerzen aller Art, Haut, Haar, Herz, Schwangerschaft, Entbindung, Insektenstiche, Prostata, Vergiftungen, Schlafstörungen, Süchte, Krämpfe
Heilwirkung geistig, seelisch: Mondsucht, Ängste, Heimweh, Konzentration, Liebesfähigkeit, Mut, Standfestigkeit, Hilfe in Rechtsangelegenheiten

Stalaktiten sind eine herrliche Laune der Natur, deren Name führt jedoch in die Irre. Diese Steine haben nichts mit Tropfsteinen zu tun, obwohl sie deren Form und Namen besitzen. Bei den hier vorgestellten Stalaktiten handelt es sich um einen Amethysten, in dessen Zentrum sich Achat gebildet hat. Abgesehen von dem wunderschönen Anblick verfügen diese Steine über weitreichende Schwingungen und das gesamte Heilpotential, das Amethyst und Achat miteinander abdecken.

Gebrauch: Querschnitte, Drusen, Anhänger, Steinwasser
Farben: Violett, Braun, Grün, Grau
Fundorte: Uruguay, Brasilien, Peru

STAUROLITH – KREUZSTEIN

Heilwirkung körperlich: Epilepsie, Süchte, Krämpfe, Multiple Sklerose, Durchblutung
Heilwirkung geistig, seelisch: Geisteskrankheiten

Der Kreuzstein hatte schon bei den Griechen einen hohen Stellenwert als Schutzstein. Nicht zuletzt wegen seiner sakralen Form. Dieser sehr ausdrucksvolle Stein beugt Erkrankungen des Gehirns auf physischer und psychischer Ebene vor und findet Anwendung bei Schizophrenie, Epilepsie, Wahnvorstellungen, Größenwahn und anderen Formen von Geisteskrankheit. Auch bei Drogen- und Alkoholsucht wird der Staurolith erfolgreich eingesetzt. Er wirkt ferner gegen Krämpfe, Muskelschwund und Durchblutungsstörungen im Unterleibsbereich. Realitätsfremde Menschen sollten ihn Tag und Nacht bei sich haben.

Gebrauch: Rohsteine, Anhänger, Steinwasser
Farben: Rötlich braun, Schwarzbraun, Schwarz
Fundorte: Schweiz, Österreich, Tschechien, Frankreich, Schottland, Namibia, USA

TANSANIT

Heilwirkung körperlich: Mandelentzündung, Heiserkeit, Kopfschmerzen, Kopftumor, Ohrenschmerzen, Augenkrankheiten
Heilwirkung geistig, seelisch: Depressionen, schärft den Verstand, Meditation

Der Tansanit ist eine Varietät des Zoisit. Er erstrahlt in einem herrlichen Blau, weshalb er oft mit dem blauen Saphir verwechselt wird. Leider ist er sehr selten und deshalb auch meist unerschwinglich teuer. Er wird fast ausschließlich zu Schmuck verarbeitet, so daß er außer beim Juwelier kaum in den Handel kommt. Sollte trotzdem einer dieser kostbaren Steine den Weg zu Ihnen finden, behandeln Sie ihn mit Liebe. Seine Energie wirkt auf den Hals- und Kopfbereich. Auch bei Problemen mit den Augen, bei Schwermut und zum Öffnen des dritten Auges sollten wir mit dem Tansanit arbeiten.

Gebrauch: Rohsteine (kaum erhältlich), geschliffene Steine, Ketten (sehr selten)
Farben: Saphirblau, Amethystviolett
Fundort: Tansania

THULIT

Heilwirkung körperlich: Blutniederdruck, Anämie, Herz, stärkt die Abwehrkräfte, Pubertät
Heilwirkung geistig, seelisch: Gegen Ängste, Nervosität, fördert die Liebe

Der Thulit ist die rote Varietät des Zoisit. Er wurde nach seinem ersten Fundort Thule in Norwegen benannt. Meist fühlen sich Menschen, die an Liebesmangel leiden, von ihm angezogen, aber auch solche, denen es schwer fällt, ihre Gefühle offen zu zeigen. Kindern in der Pubertät kann er eine große Hilfe sein, da er Ordnung in gedankliches Chaos bringt und die Verletzlichkeit in diesem Lebensabschnitt reduziert. Darüber hinaus senkt der Thulit den Blutdruck, stärkt das Herz, die Abwehrkräfte und hilft bei Mangel an weißen Blutkörperchen.

Gebrauch: Rohsteine, Handsteine, Anhänger, Ketten, Steinwasser
Farben: Rötlich bis Rosenrot
Fundorte: USA, Westaustralien, Namibia, Norwegen

ULEXIT

Heilwirkung körperlich: stärkt das Bindegewebe
Heilwirkung geistig, seelisch: Meditationsstein, Konzentration

Der Ulexit weist einige verblüffende Besonderheiten auf. Dank seiner fasrigen Struktur hat der Stein einen wunderschönen Katzenaugeneffekt. Legt man ihn auf ein beschriebenes Blatt, erscheint die Schrift an seiner Oberfläche, weshalb man ihn auch Televisionsstein nennt. Menschen mit telepathischen Fähigkeiten können einem Gleichgesinnten mit Hilfe eines Ulexit Gedanken und Informationen übermitteln. Kindern und Studierenden kann er beim Ordnen ihrer Gedanken helfen. Bei Zellulitis sollte man die betroffenen Stellen mit diesem Stein massieren, da sich dadurch eine Verbesserung des Hautbildes erreichen läßt; zudem ist es sehr angenehm, da der Ulexit eine samtige Oberfläche besitzt.

Gebrauch: Rohsteine, Handsteine, Anhänger, sehr selten als Kugel
Farbe: Weiß mit Seidenglanz
Fundorte: Argentinien, Chile, Kanada, USA, Italien, GUS, Peru

UNAKIT

Heilwirkung körperlich: Kräftigt, Magersucht, Herz, Schwangerschaft, Menstruation, Unfruchtbarkeit, Lunge, Atemwege
Heilwirkung geistig, seelisch: Wetterfühligkeit, Unruhe

Der Unakit hat durch seine rotbraun-grüne Musterung eine recht ansprechende Wirkung auf uns. Mineralogisch gesehen ist er eine Verwachsung aus Epidot und rotem Feldspat. Somit birgt er auch die Schwingung beider Steine, was ihn zu einem besonders heilkräftigen Helfer macht. Von ihm fühlen sich besonders an Auszehrung leidende und nach längerer Krankheit geschwächte Menschen angezogen. Ferner hilft der Unakit bei Herzerkrankungen, Menstruationsbeschwerden, Schwangerschaft, Unfruchtbarkeit, Erkrankungen der Atemwege und Lunge. Ausgleichend wirkt er auf Wetterfühlige und unruhige Naturen.

Gebrauch: Handsteine, Anhänger, Ketten, Steinwasser
Farbe: Rötlichgrün
Fundorte: Afrika, Frankreich, GUS, China, Brasilien

WISMUT

Heilwirkung körperlich: Entschlackend, entgiftend
Heilwirkung geistig, seelisch: Verhilft Talenten zum Durchbruch, regt die Phantasie an, vertreibt trübe Gedanken

Wismut, das bei uns angeboten wird, erhält durch die Herstellung aus der Schmelze sehr bizarre Formen. Zumeist läuft es noch bunt an, was ihm eine zusätzliche positive Ausstrahlung verleiht. Tatsächlich lassen sich mit ihm trübe Gedanken vertreiben und die Phantasie anregen. Diese Eigenschaft kann besonders Künstlern nützlich sein. Aber auch bei anderen Menschen werden ungeahnte Talente freigesetzt. Das Wismut besitzt außerdem eine entgiftende, entschlackende Eigenschaft. Leider ist dieser Stein sehr empfindlich und zerbricht leicht. Wir sollten ihn deshalb mit besonderer Vorsicht behandeln. Vom Zubereiten eines Steinwassers möchte ich abraten, da eines der Begleitmineralien des Wismut Arsenkies ist, der bei Einnahme zu Vergiftungen führen könnte.

Gebrauch: Rohsteine, selten Anhänger
Farben: Silbrigglänzend, Rötlich, Messingglanz, manchmal bunt angelaufen
Fundorte: Deutschland, Tschechien, Spanien, England, USA, Bolivien, Kanada, Australien

ZINNOBER

Heilwirkung körperlich: Bluterkrankungen, Immunsystem, entgiftet, Gehör, sexuelle Störungen
Heilwirkung geistig, seelisch: Selbstvertrauen, bei mangelndem Lebenswillen

Um den Zinnober ranken sich seit eh und je mysteriöse Geschichten. Während die einen behaupten, er schenke seinen Träger ein langes Leben, munkeln andere, seine Wirkung sei todbringend. Es mag wohl beides seine Richtigkeit haben, je nach Anwendung. Da der Zinnober ein stark quecksilberhaltiges Erz ist, sollte man ihn keinesfalls in den Mund nehmen, ein Edelsteinwasser ansetzen und ihn schon gar nicht pulverisiert zu sich nehmen. Dies könnte in der Tat lebensbedrohend sein. Als Handstein, Anhänger oder Rohstein getragen, erweist er sich als wunderbarer Helfer bei Bluterkrankungen, zur Stärkung des Immunsystems, zur Entgiftung und Entschlackung und bei Gehörproblemen. Ferner hilft er bei Problemen sexueller Art, stärkt unser Selbstvertrauen und vertreibt Selbstmordgedanken.

Gebrauch: Rohsteine, Handsteine, selten Anhänger
Farben: Scharlachrot, Braunrot, häufig Bläulich
Fundorte: Deutschland, Spanien, Serbien, Italien, GUS, China, Japan, USA, Mexiko, Peru

Heilsteine in der Therapie

Immer mehr Menschen machen sich daran, alternative Heilmethoden wieder zu entdecken und anzuwenden. In diesem Zusammenhang bieten edle Steine viele Möglichkeiten, die oft erstaunlichen Wirkungen am eigenen Leib zu erfahren. Ein großer Vorteil ist, daß Heilsteine bis auf wenige Ausnahmen (Malachit, Perlmutt) ihre Schwingungen nicht verlieren und uns so ein ganzes Leben lang begleiten können. Oft stellt sich auch die Frage, ob es nicht sinnvoller wäre, „einheimische" Mineralien zu verwenden. Doch überzeugt das insofern nicht, als wir alle Bewohner der Erde sind und somit eine Einheit bilden: „Wir sind in allem, und alles ist in uns."

Therapeutischer Gebrauch von Perlenschnüren (Ketten)

Die einfachste Methode für den Laien besteht darin, seine Chakren mit Ketten in Kugelform zu therapieren. Kugel deshalb, weil der Energieaustausch zwischen der rund geschliffenen Form der Steine und der Aura am harmonischsten ist und selbst der Unkundige nichts falsch machen kann.

Am besten eignen sich Stränge von ca. 45 bis 60 Zentimeter Länge, die spiralförmig auf das jeweilige Energiezentrum gelegt werden. Die Ketten können auch im Bereich eines erkrankten Organs direkt angewendet werden.

Zwischen den Behandlungen ist es sinnvoll, eine Halskette der jeweiligen Steine zu tragen, da der Patient auf diese Weise immer mit der positiven Schwingung in Kontakt bleibt und auch schneller spürbare Erfolge erzielt.

Beispiele: Eine Kette aus Lavendelquarz und grünem Aventurin hat eine sehr starke Wirkung und bringt die versteckten Krankheiten im Körper zum Vorschein. Jetzt muß der Mensch mit den oft unangenehmen Krankheitserscheinungen fertig werden. Nimmt man jedoch eine Kette oder Anhänger aus Smaragd dazu, hilft dieser dem Körper, die Symptome zu verarbeiten, und unser Organismus wird spürbar entlastet.

Bei Rückenschmerzen oder Problemen mit der Wirbelsäule ist es sinnvoll, für etwa zwanzig Minuten links und rechts des Rückgrates einen Heilstein (z. B. Bergkristall, Bernstein oder Zitrin) in die Nähe der kritischen Stelle zu legen. Die während dieser Zeit getragene Kette des gleichen Steines sollte, wie bereits erwähnt, bis zur nächsten Therapie nicht abgenommen werden. Bei Wirbelsäulenbeschwerden können auch Ketten aus Koralle hilfreich sein.

Oberhalb des Kopfes wird immer eine Spitze aus Bergkristall oder ein Amethyst so deponiert, daß die Spitze vom Kopf wegzeigt. Dadurch werden alle Negativenergien abgeleitet und das Scheitelchakra geöffnet.

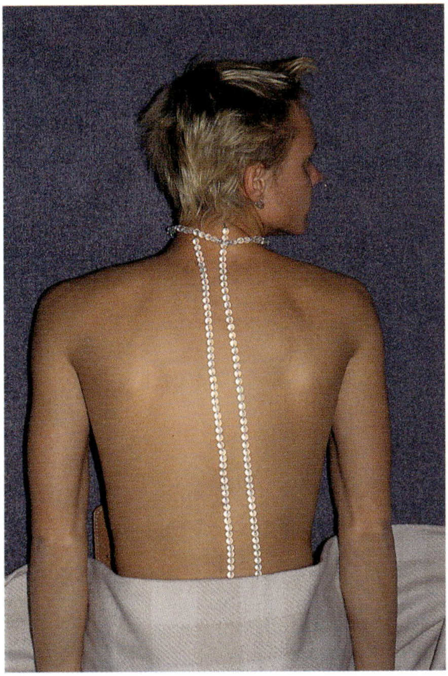

Wirbelsäulenmuster

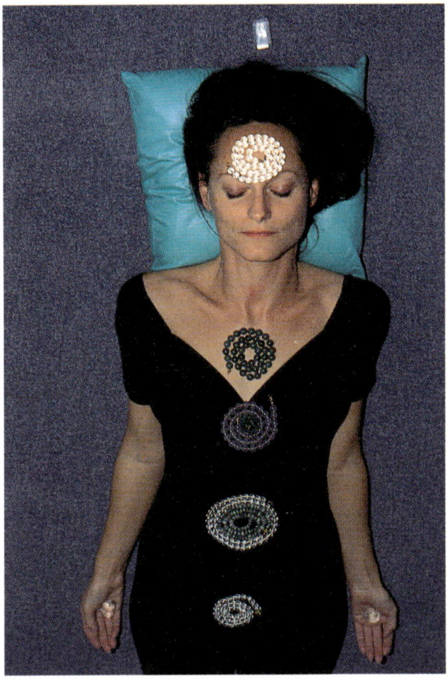

Spiralmuster

Kopf: Zur Unterstützung der anderen Steine wird hier eine Bergkristallschnur gelegt; leitet Energien und unterstützt die Wirkung der anderen Ketten.

Hals-Herzbereich: Aventurin zusammen mit Lavendelquarz holt unbewußte Gedankenmuster und versteckte Krankheiten hervor.

Solarplexus: Smaragd heilt den emotionellen und körperlichen Schmerz, der Bergkristall bringt Energie und unterstützt.

Sexualchakra: Bergkristall bringt Klarheit über Kreativblockaden und hilft uns, neue Wege zu finden. In die Handflächen legen wir Bergkristalltrommelsteine und zu den Fußsohlen Onyx oder Achat. Diese Steine sind sehr wichtig, da sie uns helfen, auf der Erde zu bleiben.

Der Hilfesuchende selbst entscheidet, welche Steine er zur Behandlung braucht. Es ist sehr wichtig, daß die Schwingung des Heilsteines mit der des Menschen übereinstimmt.

Trommelsteine

Mit Trommelsteinen, auch Handschmeichler genannt, haben wir eine weitere gute Möglichkeit, uns selbst zu behandeln. Bei dieser Variante können wir wunderbar intuitiv arbeiten und verschiedene Muster und Mandalas (Kreise) legen.

Schon beim bewußten Aussuchen der Steine öffnen wir uns für die harmonische Schwingung, wodurch unsere Selbstheilungskräfte angeregt werden.

Ob man nur mit einer Sorte von Steinen arbeiten will oder mit verschiedenen, bleibt dem Gespür und der Verantwortung des einzelnen überlassen. Jeder Mensch weiß instinktiv, was für ihn gut ist. Und wir alle sollten wieder lernen, auf unsere innere Stimme zu vertrauen. Bei psychischen Verletzungen ist es sehr wichtig, während der Behandlung Rosenquarz in der Hand zu halten, da dieser alle Gefühle frei zum Fließen bringt und sich als sanfter Tröster erweist.

Bergkristallspitzen sind zur Ergänzung im Legemuster besonders wichtig. Die Energie wird von Bergkristallspitzen immer durch die Kristallbasis aufgenommen und über die Spitze abgegeben.

Hat man ein Übermaß an Schwingung in einem Chakra, soll die Spitze des Bergkristalls nach außen weisen. Benötigen wir Energie im Zentrum eines Chakras, richtet sich die Spitze zum Mittelpunkt.

Gefühlsleben

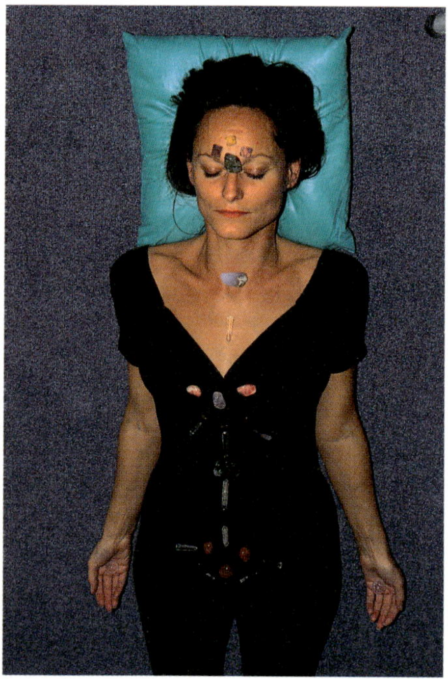

So kann ein Legemuster bei tiefen Wunden im Gefühlsleben aussehen:

Fußsohlen: Je ein Onyx und ein Achat zur Erdung.

Hände: Sternrosenquarzkugeln zur Beruhigung.

Sexualchakra: Granat ist gut für die Lebensenergie, Karneol hilft uns, Zugang zu unserer eigenen Kreativität zu finden und diese auch zu leben.

Solarplexus: Fluorit, hier aufgelegt, beruhigt schmerzhafte Gefühle, die wir als Druck in der Magengrube empfinden. Er verbindet uns mit den oberen Chakren und bringt Klarheit.

Herzchakra: Rosenquarz läßt uns auf sanfte Art alte Schmerzen noch-

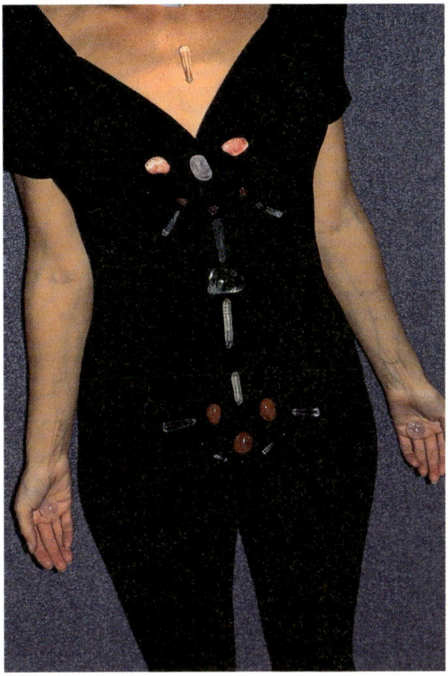

Gefühlsleben

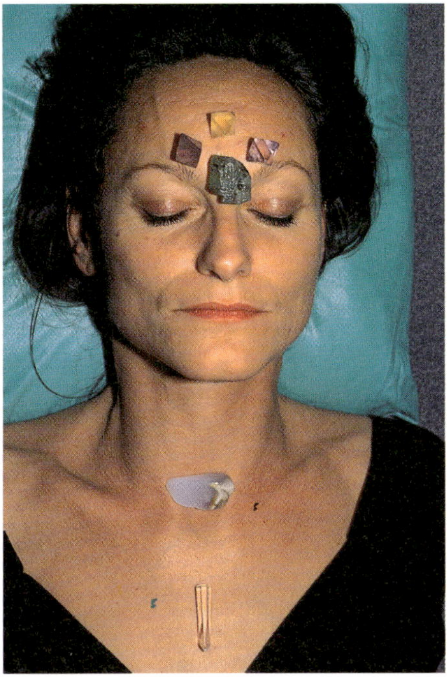

Gefühlsleben

einmal spüren. Rubellite geben uns Kraft zur Bearbeitung der Probleme. Rhodochrosit bringt den Menschen mit der übergeordneten, alles umfassenden Liebe in Verbindung, die letztendlich Vergebung für uns selbst und andere empfinden läßt.

Halschakra: Chalcedon hilft uns unsere Gefühle auch in Worten auszudrücken und somit auch loszulassen. Wir lernen mit diesem Stein, daß man nicht jede Emotion „schluckt", sondern sie gleich in Worten herausläßt.

Stirnchakra: Smaragd bringt uns Heilung, nicht nur im Körper, sondern auch im Geist, er hilft uns unsere eigenen Heilkräfte zu erkennen und anzuwenden. Fluorit aufs dritte Auge gelegt, bringt uns in die Mitte.

Die Bergkristallspitzen als Verbindung zwischen den Steinen und den einzelnen Mustern leiten die Energien optimal weiter und verhelfen so zu einer harmonischen Ganzheit.

Legemuster bei starken Blockaden, Verhärtungen und Verspannungen im körperlichen Bereich:

Drittes Auge: Azurit-Malachit, hier aufgelegt, bringt Bewegung in starre Gedanken und bewirkt Konzentration. Sugilith löst die stärksten Blockaden, wo

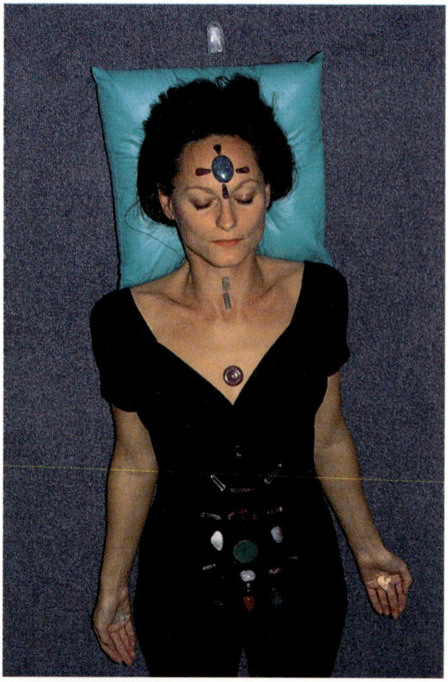
Verspannungen

Verspannungen

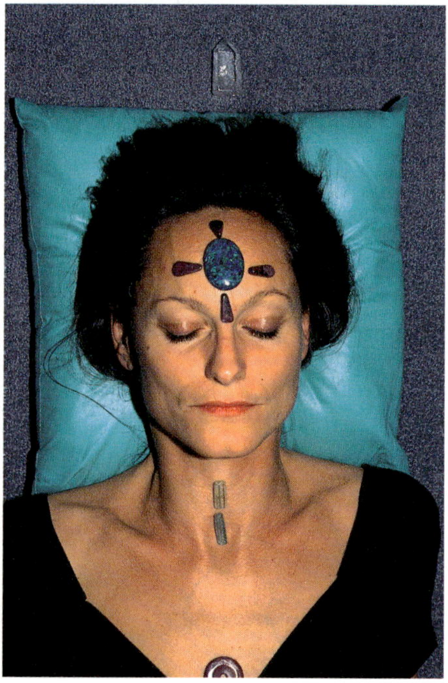

immer man ihn auflegt. Hat man keinen Erfolg mit einem Legemuster, ist es sinnvoll, es mit Sugilith zu versuchen.

Halschakra: Aquamarin hilft, Nervenverspannungen im Gesichts-, Kiefer- und Nackenbereich aufzulösen. Darüber hinaus bringt er uns mit feinstofflicher Energie in Verbindung.

Herzchakra: Früher war der Rubin hauptsächlich dem Sexualchakra zugeordnet, heute findet er häufiger im Herzbereich Verwendung. Der Rubin sollte nur kurze Zeit aufgelegt werden, da seine Schwingung sehr stark ist und er sehr schnell emotionelle Verhärtungen in Fluß bringt.

Solarplexusbereich: Achat hilft uns, in diesem Bereich aufgelegt, alle

Probleme bewußt anzuschauen, zu erkennen und loszulassen. Sugilith als Blockadenlöser. Heliotrop bringt neue Kraft und verhilft uns zu Lebenslust. Lavendelquarz läßt uns aufkeimende zarte Gefühle annehmen, Aventurin hilft, die Gefühle zu spüren. Fluorit ist ein Stein für emotionale Verdauung. Der Bergkristall unterstützt die Energien, um ungehindert fließen zu können.

Sexualchakra: Sugilith als Blockadenlöser.

Fußsohlen: Achate als Erdung.

Hände: Rosenquarz.

Legemusterbeispiel bei Migräne:

Oberhalb des Kopfes, mit der Spitze vom Behandelten weg, legen wir einen Bergkristall. Der Kristall hilft, die dicken Schleier im Kopf zu lösen.

Stirnchakra: Ametrin und Amethyst tragen zur spirituellen Öffnung bei und wirken gleichzeitig auf unser gesamtes Nervensystem besänftigend und ausgleichend.

Halschakra: Die Bergkristalle zeigen hier mit der Spitze nach unten und leiten so belastende Druckgefühle ab.

Herzchakra: Der Sternrosenquarz beruhigt das Herz und heilt Gefühlsverletzungen.

Migräne

Migräne

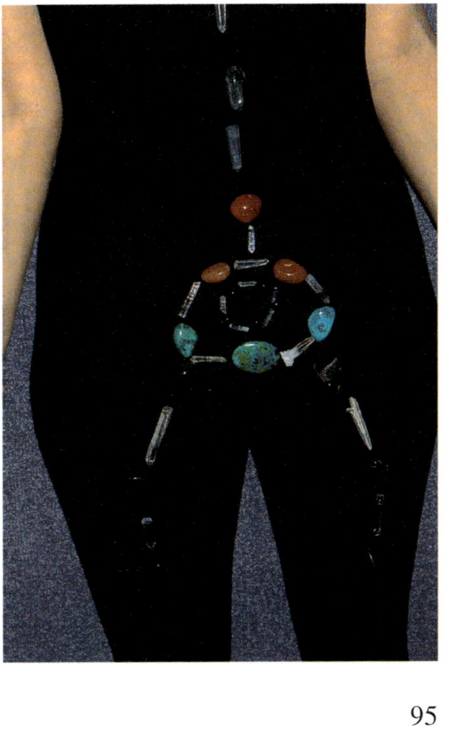

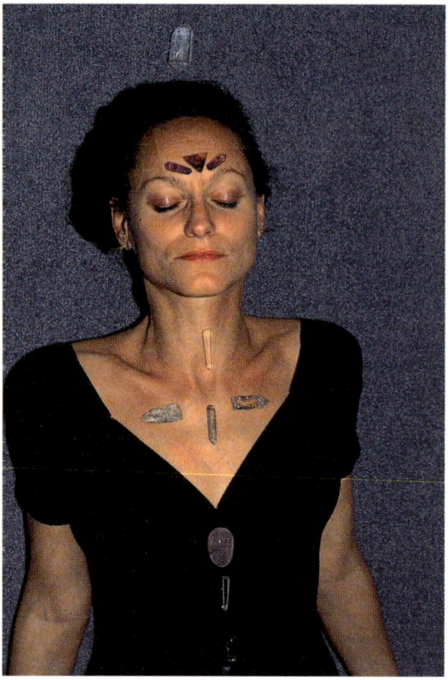

Migräne

Solarplexus: Zitrin ist eine unschätzbare Energiequelle, beruhigt die Nerven und hilft uns, auf unsere innere Stimme zu hören.

Sexualchakra: Karneol stärkt den Unterleib, Chrysokoll bringt uns mit der Erdenergie in Verbindung, worauf bei Migräne ganz besonders zu achten ist. Granat spendet Kraft und Energie. Azurit-Malachit löst starre Muster und bringt Bewegung in den Menschen. Vom Hüftbereich bis zu den Fußsohlen wird an beiden Beinen jeweils ein Onyx und ein Bergkristall aufgelegt. So ist gewährleistet, daß die Erdung optimal genutzt wird, um Migränepatienten spürbare Erleichterung zu verschaffen. Der Abschluß erfolgt mit je einem Onyx an den Fußsohlen.

Das sind nur Beispiele. Jeder Mensch wird Steine zu seiner eigenen Problematik aussuchen. Die körperliche Krankheit kann bei vielen Hilfesuchenden dieselbe sein, doch Auslöser und psychisches Grundthema ist oft etwas anderes.

Der Armtest

Sind wir nicht sicher, ob wir Energie ableiten oder zuführen sollen, kann man das leicht mit dem Armtest feststellen. Dazu braucht man eine zweite Person.

Stellen Sie sich aufrecht hin und klopfen Sie zuerst ein paarmal im Uhrzeigersinn um die Thymusdrüse. Dann legen Sie die rechte Hand auf den Unterbauch und strecken den linken Arm waagrecht aus. Jetzt stellen Sie laut die Frage: „Braucht dieses Chakra mehr (weniger) Energie?“ Oder: „Ist dieser Stein gut für mein Herzchakra?“

Die zweite Person drückt nach dieser Frage das Handgelenk der auszutestenden Person mit einem spürbaren, jedoch nicht zu festen Druck nach

POWER

POWER

unten. Können Sie den Arm waagrecht halten, ist das Chakra in Ordnung und braucht keine Extrabehandlung. Herrscht jedoch ein Ungleichgewicht in diesem Energiezentrum, läßt sich Ihr Arm ganz leicht nach unten drücken.

Dieser Test ist überall, wo es Probleme oder Unsicherheiten gibt, gut geeignet, Klarheit zu schaffen.

Auch Pendeln bietet eine gute Möglichkeit, die Chakren auszutesten. Ferner gibt es gute Kartensets im Handel, die uns spielerisch helfen, die Funktion der Chakren festzustellen.

Reiki in Verbindung mit Heilsteinen

Vorstellen möchte ich hier eine alte Heilkunst, die mir sehr am Herzen liegt: Reiki.

Reiki (gesprochen Reekii) bedeutet soviel wie universelle Lebensenergie und wurde im 19. Jahrhundert von Dr. Mikao Usui, einem christlichen Priester, begründet. Er wollte den Heilungen von Jesus und Buddha auf die Spur kommen. So suchte er jahrelang in vielen alten Schriften, lernte alte Sprachen, bis er endlich in einer Sanskrit-Schrift das Wissen und die Symbole für Reiki entdeckte. Dr. Usui zog sich auf einen Berg zurück, wo er nach 21tägiger Meditation in einen tranceähnlichen Zustand fiel und so die Einweihung erhielt.

Solarplexus- und Herzchakra

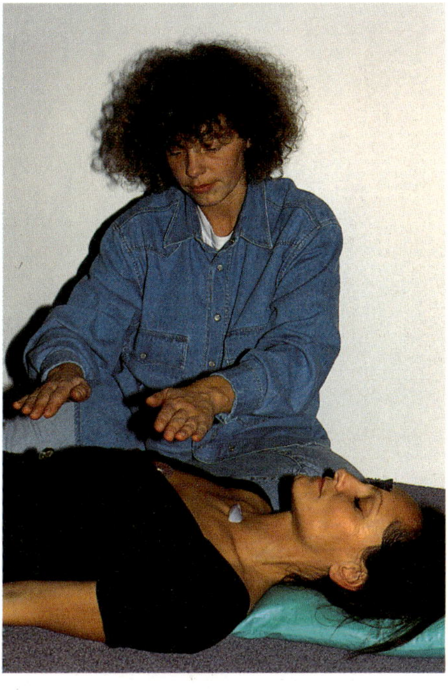

Reiki ist unkonfessionell und an keinen Glauben gebunden. Es ist eine ursprüngliche, göttliche Kraft, die jedem von uns zur Verfügung steht.

Das Geschenk von Reiki erhält man über verschiedene Einweihungen von einem Reikimeister. Spezielles Wissen, um die Energie fließen zu lassen, ist nicht notwendig. Auch Kinder können Reiki geben.

Diese universelle Lebensenergie unterstützt jede andere Therapie und hilft uns, alte Muster und Blockaden zu lösen, indem sie die Selbstheilungskräfte im Körper anregt. Reiki fließt durch unsere Hände und läßt den Menschen so zum Kanal dieser universellen Energie werden. Da Edelsteine lebendige, farbintensive Schwingungen aus-

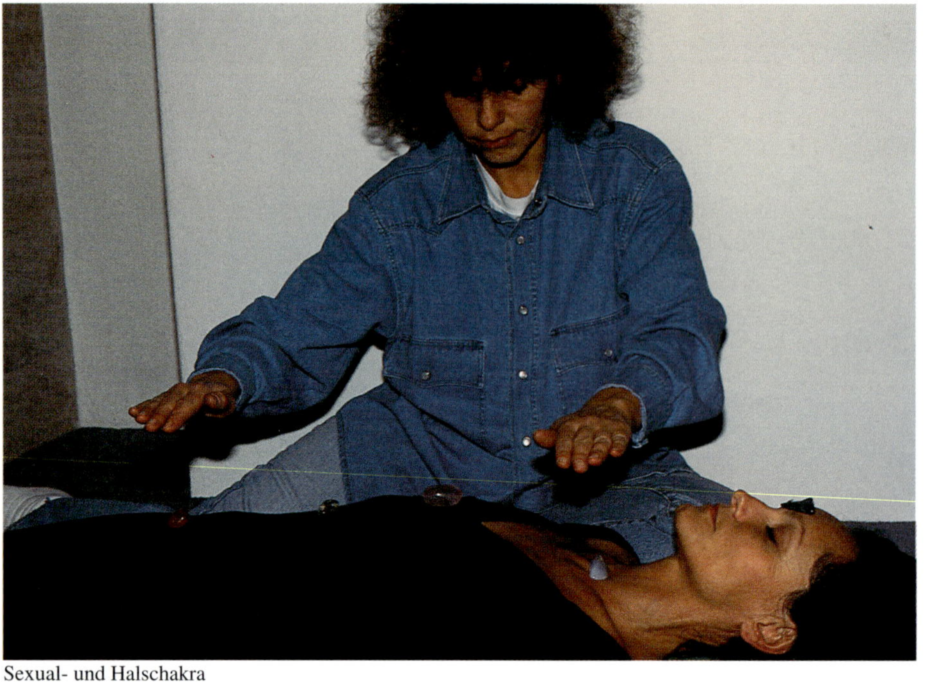

Sexual- und Halschakra

Wurzel- und Stirnchakra

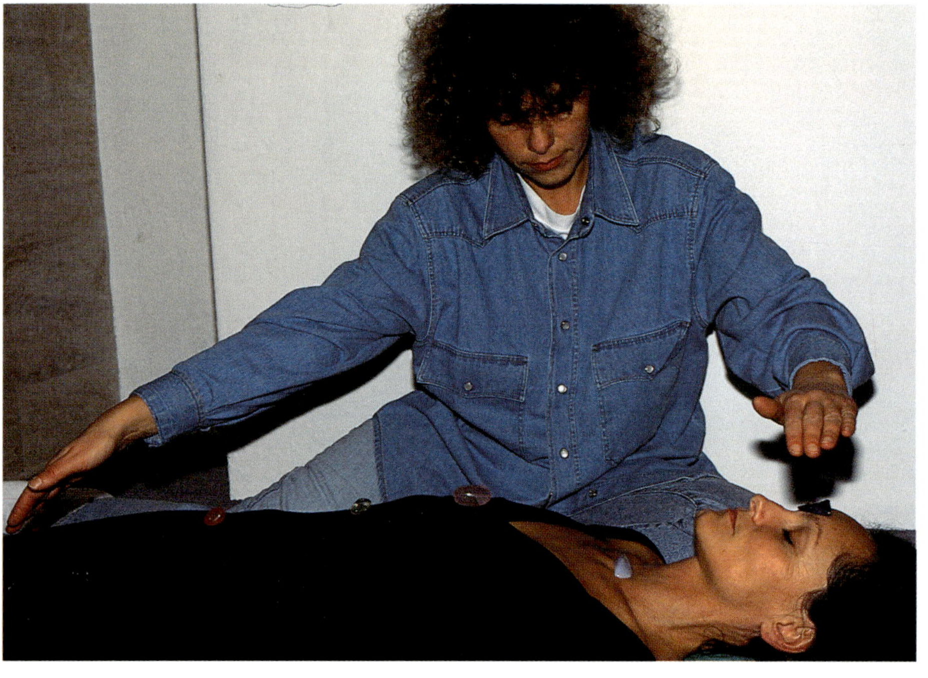

senden, ist es für den jeweiligen Stein sehr wohltuend, mit der Energie von Reiki in Kontakt zu kommen. Für den Menschen ist es positiv und heilsam, wenn er mit reikibehandelten Steinen therapiert wird. Unsere edlen Helfer bekommen somit eine höhere und stärkere Schwingungsrate, denn alles, was mit Reiki in Berührung kommt, strahlt vermehrt Licht und Liebe aus. Wir können aber auch die Edelsteine am Menschen auflegen und dann direkt eine Reikibehandlung durchführen. Die Schwingung der Steine wird somit schneller und wirkungsvoller zu den erkrankten Organen hingeleitet.

In der Kombination Reiki und Heilsteine wird auch ein sehr intensiver Chakrenausgleich erzielt. Bei dieser Behandlungsmethode werden die Energiezentren unmittelbar aufgeladen und in Harmonie gebracht.

Beim Chakrenausgleich wird über die Aura behandelt:

1. Gleichzeitige Behandlung von Wurzel- und Stirnchakra
2. Gleichzeitige Behandlung von Sexual- und Halschakra
3. Gleichzeitige Behandlung von Solarplexus- und Herzchakra

Steine im Medizinbeutel

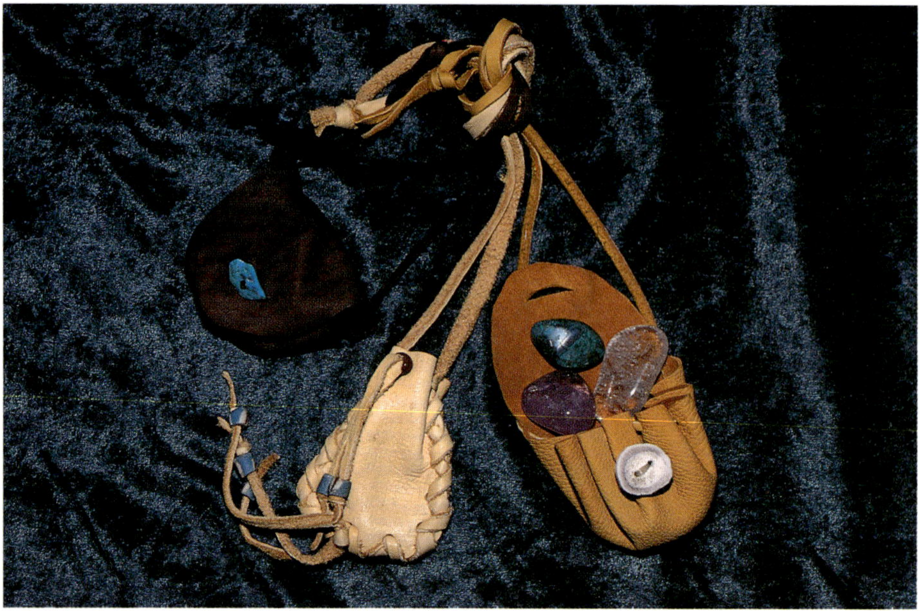

Seit alters ist es bei den Indianerstämmen Amerikas Tradition, Lederbeutel mit den persönlichen Schutzsteinen oder Kräutern um den Hals zu tragen. Seit einiger Zeit sind solche Beutel auch bei uns erhältlich. Mehr noch: Sie sind auf dem besten Weg, zu einem unentbehrlichen Requisit bei der Arbeit mit Steinen zu werden.

Die hier abgebildeten Medizinbeutel wurden von dem Apachen Jim Below nach altem indianischen Brauch handgefertigt.

Heilsteinberichte aus der Praxis

Mein Bezug zu Steinen war immer schon vorhanden. Schon als Kind interessierte ich mich für Steine jeglicher Art.

Durch ein Inserat in der Zeitung kam ich auf die Adresse von Helga Pöttinger. Nach meinem ersten Besuch war ich sehr überwältigt und kaufte von dem Tag an immer wieder Heilsteine. Bei meinem zweiten Besuch nahm ich meine Mutter mit, da auch sie sich dafür interessierte. Auch sie wurde ein treuer Kunde.

Meine Erfahrungen mit Heilsteinen waren und sind ausgesprochen positiv. Damit Sie sich ein Bild machen können, nenne ich Ihnen drei Beispiele:

Im Sommer hat mich ein Insekt am Schienbein gestochen. Rund um die Einstichstelle schwoll alles an und schmerzte. Ich wußte, daß in so einem Fall der Lapislazuli sehr hilfreich sein kann. Den Stein legte ich direkt auf die Stelle und fatschte das Bein leicht ein, damit der Stein nicht verrutschen konnte. Nach ein paar Stunden (der Schmerz hatte in der Zwischenzeit nachgelassen) nahm ich die Bandage ab und die Geschwulst war restlos verschwunden. Auch von der Einstichstelle war kaum noch etwas zu sehen.

Bei einem meiner Besuche nahm ich einen Jaspis mit, da er bei Unterleibsproblemen helfen solle und ich schreckliche Unterleibskrämpfe bei der Menstruation habe. Um das Übel besser an der Wurzel zu packen, legte ich den Stein direkt auf die schmerzende Stelle. Ich hatte und habe keine Schmerzen mehr. Am Anfang trug ich ihn nur während der Nacht, aber heute trage ich ihn den ganzen Tag über. Es wurde schon zum gewohnten Bild, den Jaspis unter dem Slip zu tragen, daß ich es eines Tages vergessen hatte, er mir zu Boden fiel und in vier Teile zerbrach. Mein Leid war groß, doch ich holte mir bei Helga einen Ersatz, diesmal einen Heliotrop oder Blutjaspis. Auch mit diesem Stein habe ich nur Gutes erfahren und kann es mir nicht mehr ohne ihn vorstellen.

Bei Kopfschmerzen half mir sehr gut ein Amethyst. Direkt auf den Schmerzpunkt gelegt fing es bei mir nach ein paar Minuten zu klopfen an und ich spürte förmlich wie der Schmerz aus mir herausgezogen wurde.

Das Reinigen der Steine ist bei mir wie eine kleine Zeremonie. Ich lege alle auf den Tisch und zünde ein paar Räucherkerzen an. In diesem Rauch lasse ich meine Steine dann baden.

Zum Auftanken der Energie lege ich sie ab und zu für einige Stunden in die Sonne.

Die Lagerung der Steine erfolgt in einer Glasschüssel am Fensterbrett, so haben sie immer Licht und das brauchen sie.

Monika Schrott
Sekretärin
A-6112 Wattens

Ich habe mich immer schon für Steine interessiert und welche gekauft. Durch meine Tochter kam ich zu Helga Pöttinger und entdeckte die heilende Kraft der Steine. Bei meinem ersten Besuch fühlte ich mich im Geschäft nicht wohl, mir wurde leicht schwindelig und ich bekam Kopfschmerzen. Helga erklärte mir, daß dies mit der Schwingung, die jeder Stein aussendet, zu tun hat und sensible Menschen reagieren darauf.

Ich hatte eine Zeit, in der ich unter Schlafstörungen litt. Die weiße Jade (in Form einer Kugel) war mir sehr behilflich, damit ich wieder tief und ruhig schlafen konnte. Seither ist sie unter meinem Kopfpolster nicht mehr wegzudenken.

Im Sommer hat mich am Arm eine Wespe gestochen und dieser ist daraufhin ziemlich angeschwollen. Ich legte mir den Lapislazuli auf und schon nach ca.

zwanzig Minuten konnte ich eine Besserung bemerken. Die Schwellung ging zurück und der Schmerz ließ nach.

Der schwarze Turmalin oder Schörl genannt, blockt alles Negative von einem ab. Ich trage ihn Tag und Nacht und fühle mich einfach wohler, ausgeglichener, seit ich ihn habe.

Es ist ganz witzig, aber meine Katze interessiert sich auch für Steine. Die weiße Jadekugel hat sie mir schon ein paarmal versteckt und auf den Fluorit ist sie ganz wild.

Reinigung: Früher habe ich die Steine mit Meersalz bestreut und Wasser darauf gegeben. Manche Steine verfärbten sich bzw. wurden regelrecht angefressen. Somit gab ich sie in den Kühlschrank, aber der ist nicht gut, da er zuviel negative Eigenstrahlung hat. Jetzt reinige ich meine Steine mittels Räucherstäbchen.

Damit sich die Steine die verlorene Energie wieder holen können, lege ich sie von Zeit zu Zeit in die Sonne.

Renate Schrott
Hausfrau
A-6112 Wattens

Zufällig interessierte ich mich vor Jahren für einen Vortrag über Heilsteine. Ich war fasziniert und am Anfang etwas überfordert, da dieses Gebiet für mich völlig neu war. Nach einigen Vorträgen und außerordentlich guter Beratung im Fachgeschäft Pöttinger kann ich mir ein Leben ohne Heilsteine nicht mehr vorstellen. Ob als Handstein, Anhänger, Kette oder Steinwasser, die Heilsteine sind für mich, meine Familie und Bekannte zum Wegbegleiter im alltäglichen Leben geworden. Ich wünsche mir, daß ich mit der Zeit noch mehr Erfahrung und Wissen über die Heilsteine bekomme.

Anni Prantner
Angestellte
A-6380 St. Johann in Tirol

Der rote Jaspis

Dieser Stein war mir im vorigen Jahr ein treuer Begleiter bei einer Geburt. Ich kann nicht sagen, ob er mir wirklich geholfen hat, aber Tatsache ist, daß ich ihn von der ersten Wehe bis zur Geburt nicht aus der Hand gab – nur zum Reinigen – und das waren immerhin zehn Stunden. Er gab mir Sicherheit und Halt.

Inge Prantner
Krankenschwester
A-6380 St. Johann in Tirol

Bis vor drei Jahren bedeutete der Begriff Schmucksteine für mich: Diamant, Saphir, Smaragd und Rubin.

Doch dann erweiterte sich mein Horizont und ich begann, die vielseitige und faszinierende Welt der Steine zu entdecken. Die farbliche Vielfalt des Labradorit, der Glimmer des Goldflusses, die Klarheit des Bergkristalls, die Tiefe des Regenbogenobsidians usw. nahmen mich gefangen. Durch eine Freundin und entsprechende Lektüre drang ich immer tiefer in die Geheimnisse der Natur vor und begann mich auch mit der Heilkraft der Steine zu befassen. Was ich dort entdeckte, faszinierte mich immer mehr und mehr.

Heute habe ich, nicht zuletzt dank Frau Pöttinger, deren Geschäft für mich immer neue Schätze birgt, eine stattliche Sammlung an Steinen und Schmuck. Jeden Morgen lasse ich mich von meiner Intuition leiten, welcher Stein heute der richtige ist. Ich habe festgestellt, daß manchmal ein Stein tagelang von mir getragen werden möchte, ich dann wiederum längere Zeit kein Bedürfnis nach diesem Stein habe.

Schörl und Rosenquarz liegen bei meinem Computer und Radiowecker und schützen mich vor Strahlung. Und in meiner Wohnung finden sich fast überall Steine zur Dekoration und als Entspannung für meine Augen.

Ich kann mir ein Leben ohne Steine nicht mehr vorstellen und immer wieder finde ich neue Schätze. Inzwischen wurden auch meine Familie und mein Freundeskreis von meiner Liebe zu Steinen „infisziert".

Aber Vorsicht: die Faszination der Steine kann zu einer Sucht werden, von der man nie mehr loskommt, zum Glück nur mit positiven Begleiterscheinungen und völlig unschädlich, dafür aber unheimlich bereichernd!

Brigitte Hirschmann
A-6020 Innsbruck

Meine Erfahrung mit Kugelketten

Ich leide unter Wetterfühligkeit im Beckenbereich. Wenn ich nicht schlafen kann, hilft mir sofort eine Bergkristallkugelkette von 12 mm, Länge 80 cm. Ich lege sie mir bei Seitenlage über die ganze Wirbelsäule. Bei Rückenlage über das Becken in einer Spirale.

Einen angenehm ausgleichenden, guten Schlaf bringt mir auch die Roselle (Rosenquarzkette). In Rückenlage auf die sieben Chakras eine Spirale legen.

Bin ich körperlich nicht gut beisammen, trage ich Aventurin (dunkelgrün) mit Roselle oder Bergkristall.

Empfehlen möchte ich auch eine Smaragdkette mit Roselle oder Aventurin.

Eine Lavendelquarzkette ist für mich angenehm zu tragen und bringt mir klare Träume.

Adolf Gastl
A-6132 Münster

… zuerst fasziniert von der Schönheit der Steine, dann mehr und mehr ein Lernen und Erfahren, welches Geheimnis sie in sich tragen.

…Erneut die Erkenntnis, daß es doch mehr Dinge zwischen Himmel und Erde gibt, als unser Verstand bisher erklären vermag.

Dr. Sangati von Katzler
Frauenärztin
A-6020 Innsbruck

Meine Erfahrungen mit Steinen

Als Kind hatte ich noch keinen rechten Bezug zu Steinen. Naturstein war nur etwas Kaltes, Hartes für mich. Schmucksteine konnten mich da schon mehr mit ihrem Glanz, dem Funkeln und der Farbigkeit in ihren Bann ziehen.

Diese ersten kindlichen Impressionen erweiterten sich dann erst im Erwachsenenalter. In zunehmendem Maße begriff ich, daß Energie nicht nur etwas mit elektrischem Strom oder der Ausdauer eines Leistungssportlers zu tun hat, sondern daß ein Denken in energetischen Bereichen in ganz neue, andere Dimensionen wie z. B. die Heilkunst führt.

Ob wir dabei unter anderem mit der Energie der Gedankenkraft arbeiten oder die in Materie verdichtete Energie vieler Edel- oder Halbedelsteine nützen, scheint mir eine Frage des persönlichen Zugangs zu sein.

Ich selbst begegne Mineralien inzwischen differenzierter und ich möchte fast sagen, in liebevoller Art und Weise, wenngleich nach wie vor als völliger Laie und ohne spezifische Kenntnis oder eingehendes Wissen der Materie.

Immer noch fasziniert mich kindlich die Leuchtkraft der Farben, die Struktur und Beschaffenheit, auch die Vielfältigkeit der Bearbeitungen. Aber ebenso meine ich nun manchmal auch etwas von der Kraft zu spüren, die einem Stein innewohnt, seine Schwingung aufnehmen zu können, wenn ich ihn in der Hand halte. Vor allem dann, wenn ich mich zu einem Mineral besonders hingezogen fühle, es mir speziell gefällt, erlebe ich dieses Phänomen.

Zu einer besonders schönen Erfahrung wurde für mich das Einsetzen einer Heilsteinkette, die ich einem mir nahestehenden Kind zukommen ließ. Schon kurz nach der Geburt wurde bei ihm eine sehr schwere Lebererkrankung festgestellt, wobei sogar eine Transplantation erwogen wurde.

Mit der Autorin dieses Buches, für deren Zuwendung und Verständnis ich mich an dieser Stelle besonders bedanken möchte, wurde in Ausrichtung auf die spezielle Symptomatik des Kindes die individuelle Zusammensetzung der Heilsteine gewählt. Das Kind, das die Kette ständig trägt, wird schulmedizinisch und homöopathisch intensiv betreut und entwickelt sich inzwischen völlig normal. Die Laborparameter, die anfänglich katastrophal ausfielen, haben sich innerhalb des ersten Lebensjahres weitgehend gebessert bzw. manche sogar normalisiert, was im Vergleich zu anderen Krankheitsverläufen nahezu als ein Wunder erscheint.

Die Diskussion einer Wertung, wer oder was diesen so positiven Heilungsweg bewirkt habe, geht an der Sache vorbei. Entscheidend bleibt für mich nicht „wie“ sondern „daß“ es dem Kind heute so gut geht. Die Kraft der Steine ist meiner Auffassung nach ein Baustein dieses Geschehens geworden.

Ulrike Trötscher
Dipl.-Logopädin
A-6130 Schwaz

Die Steine – meine Freunde

Als Kind schon habe ich Steine geliebt. Angefangen zu arbeiten habe ich mit einem Bergkristall, wegen seiner klaren Formen und seinem Farbenreichtum. Es fiel mir relativ leicht, in ihn „hineinzugehen“ und Kontakt aufzunehmen. Auch im Kieselstein ist eine ähnliche Struktur erfahrbar wie im Bergkristall, aber der Kristall erleichtert uns einen Zugang zu ihm. Die Arbeit mit dem Bergkristall war mein Eintritt ins Reich der Mineralien.

Dort warteten im Laufe der Zeit viele verschiedene Steine darauf, daß ich sie entdeckte. Von sich aus bleiben sie stumm, sie können uns höchstens dazu verlocken, näher und genauer hinzuschauen. Je mehr ich mich auf Steine eingelassen habe, umsomehr bemerkte ich mit zunehmendem Maße die unterschiedlichsten Resonanzen meines Körpers und meiner Sinne auf den jeweiligen Stein. Nicht jeder löst bei jedem Menschen automatisch dieselbe Reaktion aus. Sie wirken nicht nach dem Prinzip „für dieses Wehwehchen jenes Steinchen“, sondern eben so: „für diesen Menschen in dieser Situation und in diesem Abschnitt der Stein“.

Ich wünsche mir, daß mich die Steine weiterhin freundlich begleiten werden.

Parmita-Monika Hitsch
Astrologin
A-6020 Innsbruck

Meine ersten Kontakte mit Heilsteinen

Wir hatten zu Hause schon einige Heilsteine liegen, die mir wohl gefielen, die ich dann und wann auch „entstaubte“, mit denen ich aber sonst nicht recht viel anzufangen wußte.

Als ich zu einem Geburtstag einen Heilsteinanhänger und dazu ein Buch über Heilsteine und Sternzeichen bekam, hatte ich mich natürlich gefreut. Es war ein sehr aufmerksames Geschenk einer lieben Freundin. Doch so recht wollte es auch da mit meinem Interesse noch nicht klappen.

Eines Tages, ich erinnere mich noch gut daran, nahm ich alle Steine und begann sie genauer zu betrachten. Es fiel mir erst jetzt so richtig auf, welch wunderbare Schöpfung vor mir lag. Zu bestimmten Steinen fühlte ich mich besonders hingezogen, also begann ich auch das Buch zu lesen. Als nächstes traf ich dann einen Arzt, der selbst sehr viel mit Heilsteinen arbeitet und der mir half, meine Steine zu finden.

Inzwischen gehört meine Familie schon einige Jahre zum Kreise derer, die nicht nur die Faszination der edlen Steine kennenlernte, sondern auch deren Heilwirkungen erfahren durfte. Besonders aufgefallen ist mir, daß ich mich in bestimmten Situationen und bei Krankheiten zu den jeweils „richtigen Steinen" hingezogen fühlte. Auch das Trinken von „Energiewasser" (Bergkristall, Sugilith usw. hat sich als äußerst heilsam erwiesen.

Helga Pöttinger und Heidi Grießenböck möchte ich ganz besonders danken, daß sie mir mit so viel Geduld und Freundlichkeit alle meine Fragen beantwortet haben und daß sie durch ihre Bücher einen Einblick in die wunderschöne Welt der Heilsteine gewähren, und es jedem dadurch möglich wird, sich mit diesem Wissen vertraut zu machen.

Beiden wünsche ich für die Zukunft weiterhin alles Beste und viel Licht.

Helga Gerber
Lehrerin
A-6200 Jenbach

Schlußwort

Schon während der Arbeit an diesem zweiten Buch wurde mir bewußt, daß damit unmöglich alle Steine, deren Wirkungsweise und Anwendungsmöglichkeiten abgehandelt werden können.

Auch diesmal werden viele Fragen bleiben, die meine Schwester Heidi und ich gerne beantworten werden.

Zuordnung der Edelsteine zu Krankheiten und Symptomen

Abszeß	Mookait
Abwehrkräfte	Thulit
Akne	Mookait
Alpträume	Morganit
Anämie	Thulit
Angina	Cyanit
Ängste	Cölestin, Stalaktit, Thulit
Arthritis	Aragonit, Halit, Sonnenstein
Atemwege, -not	Schwefel, Unakit
Augen	Chrysoberyll, Serpentin
Aura	Chrysoberyll, Lavendelquarz
Ausdauer	Streifenachat
Ausgeglichenheit	Boji, Jaspis rot, Perlmutt, Seeopal
Ausscheidungsorgane	Perle schwarz
Bauchspeicheldrüse	Jaspis gelb, Jaspis rot
Beruhigend	Holzstein
Bewußtseinserweiterung	Bergkristallstufe, Charoit, Dowkristall, Fossilien, Kristallkugel, Laserkristall, Saatkristall
Bindegewebe	Halit, Lepidolith, Ulexit
Blähungen	Baumstein
Blase	Dravit, Jaspis rot, Rhyolith
Blutdruck allgemein	Verdelith, Wassermelonenturmalin
Blutdruck hoch	Iolith
Blutdruck nieder	Thulit
Bluterkrankungen	Zinnober
Blutungen	Jaspis rot
Blutvergiftung	Zinnober
Brandwunden	Saatkristall
Brüche	Bergkristallstufe
Brustkrebs	Verdelith
Charakter	Cölestin
Darm	Apachenträne, Baumstein, Jaspis gelb, Jaspis rot, Rhyolith
Depressionen	Apachenträne, Gagat, Regenbogenkristall, Schwefel, Sonnenstein, Tansanit, Wismut
Drogenmißbrauch	Skelettquarz
Drüsen	Apatit, Jaspis gelb, Schwefel
Durchblutung	Heliodor, Sonnenstein, Staurolith
Durchfall	Jaspis gelb, Serpentin
Durchsetzungsvermögen	Schwefel
Eifersucht	Gagat, Morganit
Einfühlungsvermögen	Chrysoberyll
Eisenmangel	Fossilien
Ekzeme	Mookait
Emotionale Blockaden	Buntkupferkies
Energie	Boji, einendiger Bergkristall, Kristallkugel,

	Landschaftsachat, Lavendelquarz, Leopardenjaspis, Moqui Marbles, Phantomkristall, Septarie
Energiezentren allgemein	Dowkristall, Laserkristall, Moqui Marbles, Morganit, Phantomkristall, Regenbogenkristall, Wasserachat, zweiendiger Bergkristall
Entgiftung	Morganit, Rubellit, Wassermelonenturmalin, Wismut, Zinnober
Entscheidung	Breccienjaspis
Entschlackung	Goldfluß, Jaspis rot, Perlmutt, Wismut
Entstrahlung	Dravit, einendiger Bergkristall, Kristallkugel
Entwässern	Jaspis rot
Epilepsie	Stalaktit, Staurolith, Streifenachat
Erdung	Apachenträne, Bilderjaspis, Breccienjaspis, Dravit, Gagat, Lingam
Erkältung	Cyanit
Erschöpfung	Skelettquarz, Sonnenstein
Erstarrungsprozesse	Moqui Marbles
Fettablagerung	Apatit
Fieber	Indigolith, Sarder
Freude	Botswanaachat
Galle	Jaspis gelb
Gebärmutter	Dravit
Geborgenheit	Botswanaachat, Goldfluß, Rhyolith
Geburt	Larimar, Leopardenjaspis, Sarder, Stalaktit
Gefühlskälte	Apophyllit, Streifenachat
Gehör	Sarder, Zinnober
Geisteskrankheit	Staurolith
Geistige Reinigung	Großer Generator
Gelbsucht	Sarder
Gelenke	Holzstein, Perlmutt, Seeopal
Gleichgewicht	Stalaktit
Gliederschmerzen	Mookait
Grippe	Cyanit, Mookait
Gürtelrose	Sarder
Haarprobleme	Halit, Perlmutt, Perle schwarz, Stalaktit, Streifenachat
Hals	Buntkupferkies
Harmonisierung	Achatgeode, Apatit, Cölestin, Kristallkugel, Larimar, Perle schwarz, Perlmutt, Tabular
Haß	Gagat
Haut	Chrysoberyll, Halit, Lepidolith, Perle schwarz, Perlmutt, Schwefel, Stalaktit, Streifenachat
Heilungsprozeß	Boji, Cölestin, Lavendelquarz
Heimweh	Stalaktit
Heiserkeit	Cyanit, Mookait, Tansanit
Heiterkeit	Rhyolith
Herz allgemein	Heliodor, Perle schwarz, Rubellit, Serpentin, Stalaktit, Streifenachat, Unakit, Verdelith, Wassermelonenturmalin
Herzberuhigung	Buntkupferkies, Chrysoberyll, Morganit
Herzmuskelentzündung	Verdelith
Herzrasen	Verdelith
Herz stärken	Rhyolith, Septarie, Thulit

Herzstechen	Verdelith
Hirnhautentzündung	Sarder
Hoffnung	Baumstein
Husten	Mookait
Hyperaktivität	Morganit
Immunschwäche	Charoit, Jaspis rot, Zinnober
Impotenz	Lingam
Infekte fiebrig	Streifenachat
Infektion	Apatit, Mookait, Stalaktit
Innenorgane	Goldfluß
Insektenstiche	Serpentin, Stalaktit, Streifenachat
Inspiration	Larimar, Rhyolith
Introvertiertheit	Skelettquarz
Kehlkopf	Goldfluß, Indigolith, Perle schwarz
Knochen	Aragonit, Perle schwarz, Perlmutt, Seeopal, Septarie
Knochenmark	Apophyllit
Konzentration	Bergkristallstufe, Cyanit, einendiger Bergkristall, Goldfluß, Indigolith, Iolith, Jaspis gelb, Stalaktit, Ulexit
Kopftumor	Indigolith, Tansanit
Kraft	Bilderjaspis, einendiger Bergkristall, Leopardenjaspis, Lingam, Stalaktit, Unakit
Krampfadern	Jaspis rot
Krämpfe	Fossilien, Jaspis rot, Moqui Marbles, Stalaktit, Staurolith
Krebs vorbeugend	Turmalinfamilie
Kreislauf	Apatit, Heliodor, Rhyolith, Schwefel, Streifenachat
Kummer	Regenbogenkristall
Lähmung	Saatkristall
Lebensfreude, -mut	Baumstein, Zinnober
Leberbeschwerden	Jaspis gelb, Jaspis rot
Liebe geben und nehmen	Wassermelonenturmalin
Liebe mangelnd	Botswanaachat, Breccienjaspis, Heliodor, Stalaktit, Thulit
Liebe selbstlos	Rubellit
Liebe zur Tierwelt	Leopardenjaspis
Loslassen	Medialer Kristall
Lunge	Indigolith, Heliodor, Serpentin, Unakit
Magen	Apachenträne, Baumstein, Chrysoberyll, Jaspis rot, Rhyolith
Magersucht	Unakit
Malaria	Serpentin
Mandelentzündung	Tansanit
Meditation	Charoit, Goldfluß, Großer Generator, Iolith, Kristallkugel, Lepidolith, medialer Kristall, Perle schwarz, Regenbogenkristall, Tansanit, Ulexit
Menschenkenntnis	Wasserachat
Menstruation	Breccienjaspis, Cölestin, Jaspis rot, Unakit
Migräne	Cölestin, Indigolith, Stalaktit
Milz	Jaspis rot
Minderwertigkeitskomplex	Apophyllit
Mondsucht	Stalaktit
Multiple Sklerose	Apophyllit, Staurolith
Muskelkrämpfe	Perlmutt
Muskelschwäche	Apatit, Holzstein, Perle schwarz

Mut	Baumstein, Stalaktit, Streifenachat
Nägel	Halit, Perle schwarz, Perlmutt
Nägelkauen	Lepidolith
Narbenentstörung	Saatkristall
Naturliebe	Fossilien, Leopardenjaspis
Nebenhöhlen	Mookait
Negativität	Moqui Marbles
Neid	Gagat
Nerven	Aragonit, Chrysoberyll, Heliodor, Jaspis rot, Perle schwarz, Saatkristall, Sarder, Thulit, Verdelith, Wassermelonenturmalin
Nervenschmerzen	Wassermelonenturmalin
Neurodermitis	Mookait
Nieren	Jaspis rot, Rhyolith, Serpentin
Organismus gesamt	Halit
Ohrensausen	Achatgeode, Breccienjaspis
Ohrenschmerzen	Breccienjaspis, Serpentin, Tansanit
Osteoporose	Apophyllit, Gagat
Partnerschaft	Breccienjaspis, Lingam
Phantasie anregend	Wismut
Prostata	Dravit, Holzstein, Stalaktit, Streifenachat
Pubertät	Rubellit, Wassermelonenturmalin
Regeneration	Apachenträne
Rekonvaleszenz	Boji, Lingam
Rheuma	Aragonit, Halit, Schwefel, Sonnenstein
Ruhelosigkeit	Morganit
Scharlach	Sarder
Schilddrüse	Perle schwarz
Schizophrenie	Indigolith
Schlaflosigkeit	Achatgeode, Apatit, Lepidolith, Stalaktit
Schmerzen	Charoit, Cölestin, Fensterkristall, Lavendelquarz, Stalaktit, Streifenachat
Schutz	Achatgeode, Botswanaachat, Dravit, Rhyolith
Schwäche	Bergkristallstufe
Schwangerschaft	Jaspis rot, Leopardenjaspis, Stalaktit, Unakit
Seelische Wunden	Bergkristallstufe
Selbstbeherrschung	Streifenachat
Selbsterkenntnis	Fensterkristall
Selbstvertrauen	Lepidolith, Sonnenstein, Verdelith, Wassermelonenturmalin, Zinnober
Sexuelle Probleme	Zinnober
Spannkraft der Haut	Wasserachat
Speiseröhre	Cyanit
Spiritualität	Fensterkristall, Lavendelquarz, Phantomkristall
Spirituelles Abgehobensein	Bilderjaspis
Standfestigkeit	Stalaktit
Stimmbänder	Cyanit
Stimme	Indigolith
Stoffwechsel	Heliodor, Iolith
Stottern	Cyanit
Strahlenschäden, -schutz	Apatit, Charoit

Streß	Apatit
Süchte	Serpentin, Stalaktit, Staurolith
Symptomauflösung	Lavendelquarz
Talentefördernd	Wismut
Taubheit	Achatgeode
Telepathische Fähigkeiten	Kristallkugel, Tabular, Transmitter
Tränenfluß	Indigolith
Trauer	Apachenträne, Apophyllit, Gagat, Lepidolith, Perle schwarz
Treue	Breccienjaspis
Übelkeit	Iolith, Leopardenjaspis
Überempfindlichkeit	Aragonit
Überheblichkeit	Apophyllit
Unfruchtbarkeit	Lingam, Unakit
Unnachgiebigkeit	Apophyllit
Unruhe	Unakit
Unterleib	Holzstein
Verbrennungen	Boji, Indigolith
Verdauung	Apatit, Baumstein, Bilderjaspis, Buntkupferkies, Sarder, Schwefel, Sonnenstein
Vergiftungen	Stalaktit, Streifenachat
Verhaltensmuster	Septarie, Serpentin
Verjüngend	Heliodor
Verkalkung	Perle schwarz, Septarie
Verletzungen	Bergkristallstufe
Verspannungen	Lavendelquarz
Verstand schärfend	Lavendelquarz, Tansanit
Verstopfung	Jaspis gelb
Verzeihen	Botswanaachat, Jaspis gelb
Wachstum	Apatit, Fossilien, Larimar
Wärmend	Bilderjaspis
Wechselbeschwerden	Apatit
Weisheit	Kristallkugel, Speicherkristall
Wetterfühligkeit	Unakit
Willen stärkend	Landschaftsachat, Serpentin
Wirbelsäule	Fossilien, Gagat
Wunden frisch	Saatkristall
Zähne	Aragonit, Gagat
Zahnfleisch	Holzstein, Mookait
Zahnschmerzen	Indigolith, Serpentin
Zellen	Baumstein, Boji, Charoit, Cölestin, Fossilien, Iolith, Moqui Marbles, Wassermelonenturmalin
Zellerneuerung im Brustbereich	Verdelith
Zielstrebigkeit	Breccienjaspis

Verzeichnis der Krankheiten und Beschwerden

Ablagerungsprozesse 79
Abszesse 44, 109
Abwehrkräfte 85, 109
Akne 44, 70, 109
Anämie 85, 109
Angina 61, 109
Anspannungen, nervliche 55
Arthritis 55, 65, 81, 109
Atembeschwerden 78
Atemwege 78, 87, 109
Augen 59, 80, 109
Augenkrankheiten 84
Augenprobleme 36, 84
Ausscheidungsorgane 77, 109
Ausscheidungsprozesse 49
Auszehrung 87

Bauchspeicheldrüse 42, 45, 109
Bettnässen 38
Bindegewebe 65, 70, 86, 109
Bindegewebsschwäche 65, 70
Blähungen 12, 109
Blase 45, 47, 75, 109
Blasenerkrankungen 45
Blasenschwäche 47, 75
Blockaden 17, 20, 33, 34, 36, 45, 48, 57, 58, 63, 74, 77, 93, 94, 99
Blutdruck 50, 51, 85, 109
Blutdruck, hoch 67, 109
Blutdruck, nieder 85, 109
Bluterkrankungen 89, 109
Blutkörperchen 85
Blutstillung 45
Blutungen 109
Brandwunden 28, 109
Brüche 18, 55, 109

Darm 45, 75, 109
Darmerkrankungen 45
Darmprobleme 52
Darmtätigkeit 57
Darmträgheit 75
Depressionen 27, 52, 55, 57, 63, 78, 81, 84, 109
Drogenmißbrauch 29, 109
Drogensucht 29, 83
Drüsen 53, 78, 109
Drüsenschwellungen 42, 53, 78

Durchblutung 37, 83, 109
Durchblutungsstörungen 81, 83
Durchfall 42, 80, 109

Eisenmangel 62, 109
Ekzeme 44, 70, 109
Entbindung 43, 76, 82
Entgiftung 49, 51, 88, 89, 110
Entschlackung 45, 64, 74, 88, 89, 110
Entwässerung 45, 109
Entzündungen 75
Epilepsie 15, 82, 83, 110
Erkältung 61, 110
Erkältungskrankheiten 44, 53
Erschöpfung 29, 73, 81, 110

Fettablagerungen 53, 110
Fieber 48, 76, 110

Galle 42, 110
Gallenerkrankungen 110
Gallensteine 42
Gebärmutter 47, 110
Gehör 76, 89, 110
Gehörprobleme 89
Gehörschäden 76
Gelbsucht 76, 110
Gelenke 66, 74, 110
Gelenkserkrankungen 74
Gelenksrheuma 66
Gesichtsbereich 94
Gliederschmerzen 44, 110
Grippe 53, 61, 110
Gürtelrose 76, 110

Haar 15, 65, 74, 77, 82
Haarprobleme 15, 110
Halsbereich 48, 64, 84, 110
Halsentzündungen 44, 57
Halsschmerzen 57
Haut 15, 16, 59, 65, 70, 74, 77, 78, 82, 110
Hautprobleme 15, 59, 65, 78
Heiserkeit 44, 61, 84, 110
Herz 15, 37, 59, 75, 77, 79, 80, 82, 85, 87, 95, 110
Herzbereich 94
Herzbeschwerden 57
Herzerkrankungen 37, 87

Herzmuskelentzündungen 50, 110
Herzmuskelschwäche 50
Herzprobleme 15, 49, 51
Herzrasen 50, 110
Herzrhythmusstörungen 38, 50, 57
Herzstechen 50, 110
Hirnhautentzündung 76, 111
Husten 44, 111

Immunsystem 45, 58, 80, 89
Impotenz 71, 111
Infektionen 53, 82, 111
Infektionen, eitrige 44
Infektionen, fiebrige 15, 111
Innenorgane 64, 111
Insektenstiche 15, 80, 82, 104, 105, 111

Kehlbereich 64, 77
Kehlkopf 48, 111
Kehlkopfentzündungen 48
Kehlkopferkrankungen 61
Kieferbereich 94
Knochen 74, 77, 79, 111
Knochenbau 55, 63
Knochenbrüche 77, 79
Knochenerkrankungen 55, 74
Knochenmarkerkrankungen 54
Kopfbereich 48, 80, 84
Kopfschmerzen 44, 80, 84, 104, 105
Kopftumor 48, 84, 111
Krampfadern 45, 111
Krämpfe 45, 62, 82, 83, 111
Kreislauf 15, 37, 53, 75, 78, 111
Kreislaufschwäche 15, 37
Kreislaufstörungen 53

Lähmungen 28, 111
Leber 42, 45, 111
Lebererkrankungen 45, 107
Lunge 37, 48, 80, 87, 111
Lungenerkrankungen 48
Lungenprobleme 37

Magen 45, 52, 59, 75, 111
Magen-Darm-Bereich 12
Magen-Darm-Trakt 52
Magenschmerzen 75
Magersucht 87, 111
Malaria 80, 111
Mandelentzündung 84, 111
Manneskraft 71
Menstruationsbeschwerden 41, 45, 87, 104, 111
Migräne 48, 80, 96, 111
Milz 45, 111
Milzerkrankungen 45
Monatszyklus 60
Multiple Sklerose 54, 83, 111
Muskelkrämpfe 74, 77, 111
Muskeln 66
Muskelschwäche 66, 111
Muskelschwund 83

Nackenbereich 94
Nägel 65, 74, 77, 112
Nägelkauen 70, 112
Narben 28, 60
Nebenhöhlenentzündungen 44, 112
Nerven 45, 77, 112
Nervenschmerzen 51, 112
Nervensystem 95
Nervenverspannungen 94
Nervenzuckungen 28
Nervosität 51, 53, 77, 85
Neurodermitis 44, 112
Nieren 75, 80, 112
Nierenerkrankungen 45
Nierentätigkeit 75

Ohrensausen 11, 41, 112
Ohrenschmerzen 41, 80, 84, 112
Osteoporose 54, 112

Prostata 15, 47, 66, 82, 112
Prostatabeschwerden 15, 66
Prostataprobleme 47

Rheuma 55, 65, 78, 81, 112
Regelstörungen 60
Rückenschmerzen 90

Scharlach 76, 112
Schilddrüse 77, 112
Schizophrenie 48, 83, 112
Schlaf 53, 103
Schlaflosigkeit 53, 112
Schlafstörungen 11, 20, 70, 82, 105
Schmerzen 15, 21, 58, 60, 69, 82, 91, 104, 112
Schwächezustände 15, 112
Schwangerschaft 43, 45, 82, 87, 112
Schweißbildung 78

Sehschwäche 59
Selbstmordgedanken 89
Sexualprobleme 81, 89, 112
Sexualtrieb 81
Speiseröhre 61, 112
Sprachstörungen 61
Stimmbänder 61, 112
Stimme 48, 61, 112
Stoffwechsel 37, 67, 112
Stoffwechselprobleme 67
Strahlenschäden 53, 112
Strahlenschutz 58, 112
Süchte 82, 83, 113
Suchtgiftentwöhnung 80

Taubheit 11, 113
Tränenfluß 48, 113

Übelkeit 43, 67, 113
Übergewicht 53
Unfruchtbarkeit 71, 87, 113
Unterleib 66, 104, 113
Unterleibsbereich 81, 83
Unterleibsbeschwerden 66
Unterleibskrämpfe 104

Verbrennungen 48, 56, 113
Verdauung 12, 40, 53, 76, 78, 81, 113
Verdauungsprobleme 40, 53, 57, 81
Verdauungsstörungen 76
Vergiftungen 15, 82, 113
Verkalkung 79, 113
Verkrampfungen 62
Verletzungen 18
Verspannungen 69, 93, 113
Verstopfung 42, 113
Verstrahlung 53

Wachstum 53, 62, 68, 113
Wachstumsstörungen 53
Wasserstauungen 67
Wechselbeschwerden 53, 113
Wetterfühligkeit 87, 103, 113
Wirbelsäule 62, 63, 90, 103, 113
Wirbelsäulenbeschwerden 90
Wunden, frische 28, 113
Wundheilung 60

Zähne 55, 63, 113
Zahnfleisch 66, 113
Zahnfleischentzündungen 44
Zahnfleischschwund 66
Zahnprobleme 55
Zahnschmelz 55
Zahnschmerzen 48, 80, 113
Zellerneuerung 12, 50, 51, 56, 58, 60, 62, 67, 73, 113
Zellulitis 86
Zellwucherungen 12, 67

Verzeichnis der angeführten Mineralien

Achat 10, 75, 82, 91, 92, 94, 95
Achatgeode 11, 110, 112, 113
Achroit 46
Amethyst 26, 27, 44, 70, 82, 90, 95, 104
Ametrin 95
Apachenträne 52, 109, 110, 111, 112, 113
Apatit 53, 109, 110, 111, 112, 113
Apophyllit 54, 110, 111, 112, 113
Aquamarin 35, 94
Aragonit 55, 109, 111, 112, 113
Aventurin 69, 81, 90, 91, 103
Azurit 24, 93, 96

Baumstein 12, 109, 111, 112, 113
Bergkristall 17, 27, 44, 45, 61, 69, 70, 90, 91, 92, 93, 95, 96, 103, 105, 107, 108
Bergkristall, einendiger 20, 24, 110, 111
Bergkristallstufe 18, 109, 111, 112, 113
Bergkristall, tafeliger 31
Bergkristall, zweiendiger 34, 110
Bernstein 44, 90
Beryll 35
Bilderjaspis 40, 110, 111, 112, 113
Boji 9, 56, 73, 110, 112, 113
Botswanaachat 13, 110, 111, 112, 113
Breccienjaspis 41, 110, 111, 112, 113
Buntkupferkies 9, 57, 109, 110, 113

Calcit 54, 55, 79
Chalcedon 12, 16, 61, 93
Charoit 24, 58, 109, 111, 112, 113
Chrysoberyll 59, 109, 110, 111, 112
Chrysokoll 96
Cölestin 60, 109, 110, 111, 112
Cordierit 67
Cyanit 9, 61, 109, 110, 111, 112, 113

Dendritenachat 12
Diamant 36, 105
Disthen 61
Dowkristall 19, 32, 109, 110
Dravit 47, 109, 110, 112

Elestialkristall 29
Epidot 87

Feldspat 87
Fensterkristall 21, 112
Fluorit 92, 95
Fossilien 9, 62, 109, 111, 112, 113

Gagat/Jett 9, 63, 109, 110, 112, 113
Goldfluß 64, 81, 105, 110, 111
Goshenit 36
Granat 92, 96
Großer Generatorkristall 22, 110, 111

Halit 9, 65, 109, 110, 112
Heliodor 37, 109, 110, 111, 112, 113
Heliotrop 94, 104
Holzstein 66, 109, 110, 112, 113
Hopi Marbles 73

Indigolith 48, 110, 111, 112, 113
Iolith 67, 109, 111, 112, 113

Jaspis 39, 75, 104
Jaspis gelb 42, 109, 110, 111, 113
Jaspis rot 45, 103, 109, 110, 111, 112

Karneol 92, 96
Keimkristall 28
Koralle 90
Kreuzstein 83
Kristallkugel 23, 109, 110, 111, 113
Kyanit 61

Labradorit 24, 105
Landschaftsachat 14, 110, 113
Lapislazuli 104, 105
Larimar 68, 110, 111, 113
Laserkristall 24, 109, 110
Lavendelquarz 69, 90, 91, 95, 103, 109, 110, 112, 113
Leopardenjaspis 43, 110, 111, 112, 113
Lepidolith 70, 109, 110, 111, 112, 113
Lingam 71, 110, 111, 112, 113

Malachit 54, 90, 93, 96
Medialer Kristall 25, 32, 111
Mokkastein 12
Moldavit 72
Mookait 44, 109, 110, 111, 112, 113
Moqui Marbles 9, 73, 110, 111, 112, 113
Morganit 38, 109, 110, 111, 112
Moroxit 53

Obsidian 52, 105
Olivin 44
Onyx 91, 92, 96

Perle, schwarze 77, 109, 110, 111, 112, 113
Perlmutt 74, 90, 109, 110, 111, 112
Phantomkristall 26, 110, 112

Rauchquarz 26
Regenbogenkristall 27, 109, 110, 111
Rhodochrosit 93
Rhyolith 75, 109, 110, 111, 112
Rosenquarz 54, 70, 92, 95, 103, 106
Rubellit 49, 51, 93, 110, 111, 112
Rubin 94, 105
Rutilquarz 27

Saatkristall 28, 109, 111, 112, 113
Saphir 67, 84, 105
Sarder 76, 110, 111, 112, 113
Schörl 105, 106
Schwefel 9, 78, 109, 110, 111, 112, 113
Seeopal 74, 109, 110, 111
Septarien 79, 110, 111, 113
Serpentin 80, 109, 110, 111, 112, 113
Siberit 46
Skelettquarz 29, 109, 110, 111
Smaragd 35, 69, 90, 91, 93, 103, 105
Sonnenstein 81, 109, 110, 112, 113
Spargelstein 53
Speicherkristall 30, 113
Stalaktit 82, 109, 110, 111, 112, 113
Staurolith 83, 109, 110, 111, 113
Steinsalz 65
Streifenachat 15, 109, 110, 111, 112, 113
Sugilith 24, 54, 93, 94, 95, 107

Tabular 31, 110, 113
Tansanit 84, 109, 110, 111, 112, 113
Tektit 72
Televisionsstein 86
Thulith 85, 109, 111, 112
Transmitterkristall 19, 25, 32, 113
Trigonkristall 33
Turmalin 44, 46, 105, 111
Turmalinquarz 27
Turmalin schwarz 47

Ulexit 9, 86, 109, 111
Unakit 87, 109, 110, 111, 112, 113

Verdelith 50, 51, 109, 110, 111, 112, 113

Wasserachat 16, 110, 111, 112
Wassermelonenturmalin 51, 109, 110, 111, 112, 113
Wassersaphir 67
Wismut 9, 88, 109, 110, 112, 113

Zinnober 9, 89, 109, 110, 111, 112
Zitrin 26, 27, 90, 96
Zoisit 84, 85

Helga Pöttinger

HARMONIE UND HEILKRAFT DURCH EDLE STEINE BAND 1

112 Seiten, 72 farbige Abbildungen, Format 14,8 x 21 cm, broschürt, Fadenheftung, öS 198,–, DM 29,80, sfr 29,80

ISBN 3-7016-2426-7

Eigene englische Ausgabe zum gleichen Preis

Daß Mineralien und Edelsteine Gesundheit und Wohlbefinden beeinflussen können, war in älteren Kulturen durchaus bekannt und seit Jahrhunderten Bestandteil von Heilpraktiken. In der heutigen Zeit wächst das Interesse vieler Menschen an der Heilkraft von Mineralien und Edelsteinen wieder.
Im Band 1 werden die Kraft und Wirkungsweisen der bekanntesten Steine behandelt.

Beschrieben werden unter anderen:

Amethyst	Jade	Rauchquarz
Bernstein	Karneol	Rosenquarz
Calcit	Koralle	Rubin
Diamant	Lapislazuli	Saphir
Goldtopas	Malachit	Smaragd
Granat	Obsidian	Türkis
Hämatit	Onyx	Turmalin
Heliotrop	Perle	Zoisit